해커스
GSAT
삼성직무적성검사
FINAL 봉투모의고사

기출동형모의고사
1회

 해커스잡

기출동형모의고사
1회

시작과 종료 시각을 정한 후, 실전처럼 모의고사를 풀어보세요.

- 수리논리   시   분 ~   시   분 (총 20문항/30분)
- 추리   시   분 ~   시   분 (총 30문항/30분)

□ **시험 유의사항**

GSAT는 다음과 같이 영역별 제한 시간이 있습니다. 본 모의고사의 마지막 페이지에 있는 GSAT 문제풀이 용지와 해커스ONE 애플리케이션의 학습 타이머를 이용하여 실전처럼 모의고사를 풀어본 후, p.35의 '바로 채점 및 성적 분석 서비스' QR코드를 스캔하여 응시 인원 대비 본인의 성적 위치를 확인해보시기 바랍니다.

영역	문항 수	시간
수리논리	20문항	30분
추리	30문항	30분

※ 2024년 상반기 GSAT 기준

▶ 해설 p.4

01.　올해 기획팀과 영업팀의 전체 직원 수는 1,500명이고, 올해 기획팀의 직원 수는 전년 대비 20% 감소, 영업팀의 직원 수는 전년 대비 40% 증가했다. 올해 기획팀과 영업팀의 전체 직원 수는 전년 대비 300명 증가했을 때, 기획팀의 작년 직원 수는?

① 240명　　　　② 300명　　　　③ 600명　　　　④ 900명　　　　⑤ 1,260명

02.　갑, 을, 병, 정, 무, 기는 PCR 검사를 받기 위해 일렬로 서 있다. 정이 맨 뒤에 서 있을 때, 갑은 무와, 을은 기와 서로 인접하게 서 있는 경우의 수는?

① 12가지　　　　② 24가지　　　　③ 36가지　　　　④ 48가지　　　　⑤ 60가지

03. 다음은 지역별 인터넷 이용자 수에 대한 자료이다. 다음 중 자료에 대한 설명으로 옳은 것을 고르시오.

[지역별 인터넷 이용자 수]

(단위: 천 명)

구분		2018년	2019년	2020년
충청도	충북	1,430	1,520	1,530
	충남	1,950	2,050	2,000
전라도	전북	1,610	1,500	1,550
	전남	1,500	1,460	1,500
경상도	경북	2,420	2,460	2,440
	경남	2,980	2,900	2,950

※ 출처: KOSIS(과학기술정보통신부, 인터넷이용실태조사)

① 2020년 충청도의 인터넷 이용자 수는 전년 대비 50천 명 이상 감소하였다.

② 2019년 전라도의 인터넷 이용자 수에서 전남이 차지하는 비중은 같은 해 경상도의 인터넷 이용자 수에서 경북이 차지하는 비중보다 작다.

③ 2019년 이후 경상도의 인터넷 이용자 수는 매년 전년 대비 증가하였다.

④ 2020년 충청도의 인터넷 이용자 수에서 충북이 차지하는 비중은 전년 대비 감소하였다.

⑤ 2020년 인터넷 이용자 수의 2년 전 대비 변화량은 충청도가 전라도보다 크다.

04. 다음은 Z 기업의 2023년 월별 누적 대출 금액을 나타낸 자료이다. 2023년 전체 대출 금액에서 하반기 대출 금액이 차지하는 비중은?

[2023년 월별 누적 대출 금액]

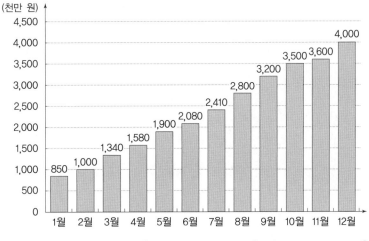

① 40%   ② 45%   ③ 48%   ④ 52%   ⑤ 60%

05. 다음은 연도별 S 지역의 호텔 수 및 객실 수와 호텔업 매출액 및 종사자 수에 대한 자료이다. 다음 중 자료에 대한 설명으로 옳지 않은 것을 고르시오.

[연도별 S 지역 호텔 수 및 객실 수]

(단위: 개)

구분	2019년	2020년	2021년	2022년	2023년
호텔 수	300	350	380	480	520
객실 수	42,000	45,000	48,000	56,000	58,000

[연도별 S 지역 호텔업 매출액 및 종사자 수]

(단위: 억 원, 명)

구분	2019년	2020년	2021년	2022년	2023년
매출액	15,000	18,750	26,250	21,000	25,200
종사자 수	9,000	10,800	15,120	9,072	10,500

① 호텔 1개당 매출액은 2020년이 2019년보다 크다.
② 호텔업 종사자 수의 전년 대비 증가율은 2020년이 2023년보다 높다.
③ 제시된 기간 동안 호텔업 매출액이 가장 큰 해에 호텔업 종사자 수도 가장 많다.
④ 호텔 1개당 객실 수는 2023년이 2022년보다 많다.
⑤ 2020년 이후 객실 수의 전년 대비 증가율이 가장 높은 해는 2022년이다.

06. 다음은 A 지역의 연도별 정년 퇴직자 및 조기 퇴직자 수를 나타낸 자료이다. 다음 중 자료에 대한 설명으로 옳지 <u>않은</u> 것을 고르시오.

[연도별 정년 퇴직자 및 조기 퇴직자 수]

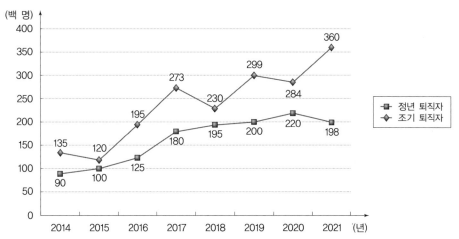

① 제시된 기간 동안 조기 퇴직자 수가 가장 적은 해에 정년 퇴직자 수의 전년 대비 증가율은 10% 미만이다.

② 2015년 이후 정년 퇴직자 수가 전년 대비 증가한 해 중 정년 퇴직자 수의 전년 대비 증가 인원이 가장 적은 해는 2019년이다.

③ 조기 퇴직자 수의 전년 대비 증가율은 2019년이 2017년보다 낮다.

④ 정년 퇴직자 수 대비 조기 퇴직자 수의 비율은 2014년이 2020년보다 크다.

⑤ 2015년 이후 정년 퇴직자 수와 조기 퇴직자 수의 전년 대비 증감 추이가 서로 다른 해는 총 4개 연도이다.

07. 다음은 2023년 A 지역의 학교급별 학생 수와 비만율에 대한 자료이다. 다음 중 자료에 대한 설명으로 옳은 것을 고르시오.

[학교급별 학생 수 및 비만율]

(단위: 천 명, %)

구분		학생 수	비만율			
			전체	경도 비만	중등도 비만	고도 비만
초등학교	여자	250	12.0	8.4	2.0	1.6
	남자	200	18.0	9.0	5.5	3.5
중학교	여자	180	15.0	5.0	5.0	5.0
	남자	160	25.0	10.0	10.0	5.0
고등학교	여자	200	11.5	6.5	4.0	1.0
	남자	180	20.0	10.0	5.0	5.0

※ 1) 비만은 경도 비만, 중등도 비만, 고도 비만으로 분류됨
   2) 비만율은 학교급 및 성별 학생 수에서 비만인 학생 수가 차지하는 비중임

① 중학교 학생 중 비만인 학생 수는 여자가 남자보다 15천 명 이상 더 적다.

② 초등학교 학생 중 경도 비만인 학생 수는 총 40천 명 이상이다.

③ 고등학교 학생 중 중등도 비만인 학생 수는 남자가 여자보다 적다.

④ 고도 비만인 여자 학생 수는 중학교가 초등학교보다 5천 명 이상 더 많다.

⑤ 초등학교, 중학교, 고등학교 남자 학생 중 비만이 아닌 학생 수가 가장 많은 학교급은 고등학교이다.

08. 다음은 Z 국가의 연도별 리콜 자동차 대수 및 차종 수를 나타낸 자료이다. 제시된 기간 동안 리콜 자동차 1종당 평균 리콜 자동차 대수가 가장 많은 해에 리콜 자동차 대수의 전년 대비 증감률은?

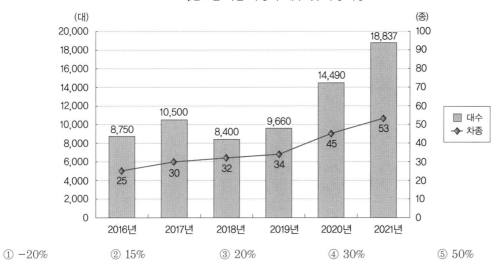

[연도별 리콜 자동차 대수 및 차종 수]

① −20%　　　② 15%　　　③ 20%　　　④ 30%　　　⑤ 50%

09. 다음은 2023년 H 보험회사의 A~E 지점별 보험 계약 현황에 대한 자료이다. 다음 중 자료에 대한 설명으로 옳지 <u>않은</u> 것을 모두 고르시오.

[지점별 보험 계약 현황]

(단위: 명, 건)

구분	A 지점	B 지점	C 지점	D 지점	E 지점
직원 수	15	4	10	5	7
계약 건수	150	80	235	100	115
목표 계약 건수	240	125	250	120	125

※ 목표 계약 건수 달성률(%) = (계약 건수 / 목표 계약 건수) × 100

　a. 제시된 지점 중 직원 1명당 계약 건수가 가장 적은 지점은 A 지점이다.
　b. 제시된 5개 지점 계약 건수의 평균보다 계약 건수가 많은 지점은 총 3곳이다.
　c. 제시된 지점 중 목표 계약 건수 달성률이 가장 높은 지점은 C 지점이다.

① a　　　② b　　　③ c　　　④ a, b　　　⑤ b, c

[10 – 11] 다음은 2024년 1분기 아파트 매매 실거래 평균가격에 대한 자료이다. 각 물음에 답하시오.

[아파트 매매 실거래 평균가격]

(단위: 만 원/m²)

구분	1월	2월	3월
A 지역	1,340	1,310	1,280
B 지역	380	390	390
C 지역	360	380	385
D 지역	620	660	650
E 지역	565	550	530
F 지역	200	200	202
G 지역	390	410	400
수도권	690	650	620
지방	285	290	280
전국	490	460	430

10. 다음 중 자료에 대한 설명으로 옳지 않은 것을 고르시오.

① 제시된 기간 동안 A 지역의 아파트 매매 실거래 평균가격은 매월 전국 아파트 매매 실거래 평균가격의 3배 미만이다.

② 3월 수도권 아파트 매매 실거래 평균가격의 1월 대비 감소율은 10% 미만이다.

③ 제시된 A~G 지역 중 2월 아파트 매매 실거래 평균가격이 500만 원/m² 이상인 지역은 모두 3월 아파트 매매 실거래 평균가격도 500만 원/m² 이상이다.

④ 제시된 기간 동안 수도권의 아파트 매매 실거래 평균가격은 매월 지방의 아파트 매매 실거래 평균가격의 2.5배 미만이다.

⑤ 제시된 A~G 지역 중 3월 아파트 매매 실거래 평균가격이 G 지역보다 낮은 지역은 총 3곳이다.

11. 제시된 A~G 지역 중 3월 아파트 매매 실거래 평균가격의 2개월 전 대비 증가율이 가장 큰 지역은?

① B 지역　　　② C 지역　　　③ D 지역　　　④ F 지역　　　⑤ G 지역

[12-13] 다음은 Z 국의 지역별 인구수 및 주택 수와 Z 국의 총인구수 및 총주택 수를 나타낸 자료이다. 각 물음에 답하시오.

[지역별 인구수 및 주택 수]

(단위: 천 명, 천 호)

구분	2016년		2017년		2018년		2019년	
	인구수	주택 수	인구수	주택 수	인구수	주택 수	인구수	주택 수
A 지역	9,810	3,640	9,740	3,670	9,670	3,680	9,640	3,740
B 지역	2,460	970	2,450	990	2,440	1,060	2,430	1,110
C 지역	1,500	600	1,500	610	1,490	620	1,490	630
D 지역	1,170	460	1,160	470	1,150	480	1,140	490

[총인구수 및 총주택 수]

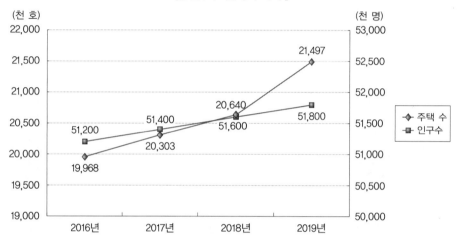

12. 다음 중 자료에 대한 설명으로 옳지 <u>않은</u> 것을 고르시오.

① 2018년 주택 수의 2년 전 대비 증가량은 A 지역이 D 지역의 2배이다.

② 2019년 Z 국 총인구수에서 B 지역의 인구수가 차지하는 비중은 5% 이상이다.

③ 제시된 지역 중 2017년 인구수의 전년 대비 변화량이 가장 큰 지역은 A 지역이다.

④ 제시된 지역 중 2019년 인구수가 다른 지역에 비해 두 번째로 적은 지역은 같은 해 주택 수도 다른 지역에 비해 두 번째로 적다.

⑤ Z 국 총주택 수가 처음으로 20,000천 호를 넘은 해에 Z 국 총주택 수의 전년 대비 증가량은 400천 호 미만이다.

13. 2017년 이후 B 지역 주택 수의 전년 대비 증가량이 가장 큰 해에 Z 국 총인구 천 명당 총주택 수는?

① 390호   ② 395호   ③ 400호   ④ 405호   ⑤ 415호

[14 – 15] 다음은 선박별 수주 실적 및 매출액을 나타낸 자료이다. 각 물음에 답하시오.

[선박별 수주 실적 및 매출액]

(단위: 톤, 억 원)

구분		2020년	2021년	2022년	2023년
수주 실적	A 선박	5,000	5,200	5,100	5,140
	B 선박	1,200	1,250	1,000	1,150
	C 선박	1,100	760	650	440
	D 선박	800	1,250	1,530	1,520
	E 선박	280	300	370	400
	F 선박	500	600	850	700
	G 선박	8,200	7,500	8,300	8,400
	합계	17,080	16,860	17,800	17,750
매출액	A 선박	160	150	155	150
	B 선박	20	20	10	15
	C 선박	10	7	10	9
	D 선박	9	30	20	20
	E 선박	4	10	6	6
	F 선박	7	8	10	10
	G 선박	215	220	210	190
	합계	425	445	421	400

14. 다음 중 자료에 대한 설명으로 옳은 것을 모두 고르시오.

> a. 제시된 A~G 선박의 수주 실적 합계에서 A 선박의 수주 실적이 차지하는 비중은 2022년과 2023년에 모두 전년 대비 감소하였다.
> b. 제시된 선박 중 2020년 대비 2023년 매출액의 감소율이 가장 큰 선박은 B 선박이다.
> c. 제시된 선박 중 2020년 대비 2023년 수주 실적의 증가율이 가장 큰 선박은 D 선박이다.

① a   ② b   ③ c   ④ a, b   ⑤ b, c

15. 다음 중 자료에 대한 설명으로 옳지 않은 것을 고르시오.

① 제시된 기간 동안 선박별 수주 실적과 매출액의 전년 대비 증감 추이가 매년 서로 반대되는 선박은 총 2개이다.

② 2021년 A 선박과 G 선박의 매출액 차이는 70억 원이다.

③ 제시된 기간 중 D 선박의 수주 실적이 다른 해에 비해 가장 큰 해에 D 선박 매출액의 전년 대비 감소율은 30% 이상이다.

④ 2023년 G 선박 수주 실적 대비 F 선박 수주 실적의 비율은 3년 전 대비 감소하였다.

⑤ 제시된 선박 중 2020~2023년 매출액의 합이 두 번째로 작은 선박은 F 선박이다.

[16 - 17] 다음은 Z 기업의 지사별 재직자 수를 나타낸 자료이다. 각 물음에 답하시오.

[지사별 재직자 수]

(단위: 명)

구분	2021년			2022년			2023년		
	전체	남자	여자	전체	남자	여자	전체	남자	여자
A 지사	400	180	220	360	190	170	380	170	210
B 지사	60	35	25	85	40	45	50	30	20
C 지사	35	20	15	40	20	20	60	21	39
D 지사	90	50	40	100	55	45	100	40	60
E 지사	30	17	13	35	20	15	30	15	15
F 지사	25	15	10	20	12	8	50	15	35
G 지사	200	150	50	220	120	100	150	100	50
H 지사	10	4	6	15	8	7	25	13	12
I 지사	550	300	250	600	350	250	500	280	220

※ Z 기업의 지사는 A~I 지사로 구성됨

16. 다음 중 자료에 대한 설명으로 옳은 것을 모두 고르시오.

> a. 지사별 2023년 전체 재직자 수의 2년 전 대비 증가율이 가장 높은 지사는 H 지사이다.
> b. 제시된 기간 동안 남자 재직자 수가 매년 여자 재직자 수보다 많은 지사는 G 지사뿐이다.
> c. B 지사의 전체 재직자 수에서 남자 재직자 수가 차지하는 비중은 매년 50% 이상이다.
> d. 2023년 여자 재직자 수의 전년 대비 증가율은 A 지사가 D 지사보다 낮다.

① a   ② a, d   ③ b, d   ④ a, b, d   ⑤ a, c, d

17. 다음 중 자료에 대한 설명으로 옳지 않은 것을 고르시오.

① 제시된 기간 동안 G 지사 전체 재직자 수의 평균은 190명이다.

② 2022년 Z 기업의 총 재직자 수는 1,475명이다.

③ 제시된 기간 동안 B 지사 총 재직자 수 대비 I 지사 총 재직자 수의 비율은 매년 7.0 이상이다.

④ 2023년 지사별 전체 재직자 수에서 여자 재직자 수가 차지하는 비중이 가장 큰 지사는 F 지사이다.

⑤ 2022년 이후 남자 재직자 수가 매년 전년 대비 감소한 지사는 총 2개이다.

18. 다음은 2024년 1월 J 기업의 팀별 신규 고객 수 및 기존 고객 수를 나타낸 자료이다. 자료를 보고 a, b에 해당하는 값을 예측했을 때 가장 타당한 값을 고르시오.

[팀별 신규 고객 수 및 기존 고객 수]

(단위: 명)

구분	A 팀	B 팀	C 팀	D 팀
신규 고객 수	10	25	( )	20
기존 고객 수	600	3,000	1,200	( )

※ 기존 고객 수 = 2a × 신규 고객 수 + b × 신규 고객 수^2

	a	b
①	10	4
②	10	6
③	10	8
④	−10	4
⑤	−10	8

19. 다음은 2021년 Z 지역의 총수출액 및 총수입액과 Z 지역의 연도별 무역수지의 전년 대비 증감률을 나타낸 자료이다. 이를 바탕으로 2017년 이후 Z 지역의 무역수지를 바르게 나타낸 것을 고르시오.

[2021년 총수출액 및 총수입액]

구분	총수출액	총수입액
2021년	1,200백만 달러	528백만 달러

[연도별 무역수지의 전년 대비 증감률]

구분	2018년	2019년	2020년	2021년
증감률	50%	60%	100%	−30%

※ 무역수지＝총수출액 − 총수입액

①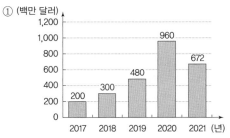

②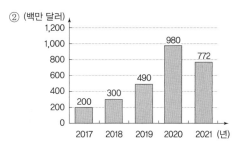

③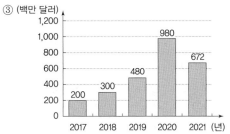

④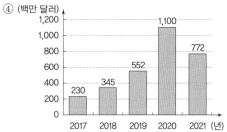

⑤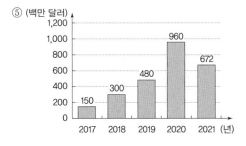

20. 다음은 월별 A 사원과 B 사원의 저축액을 나타낸 자료이다. A 사원과 B 사원의 저축액이 일정한 규칙으로 변화할 때, B 사원의 저축액이 처음으로 A 사원의 저축액의 5배 이상이 되는 달은?

[사원별 저축액]

(단위: 만 원)

구분	2023년		2024년		
	11월	12월	1월	2월	3월
A 사원	150	250	350	450	550
B 사원	200	300	500	800	1,200

① 2024년 8월   ② 2024년 9월   ③ 2024년 10월   ④ 2024년 11월   ⑤ 2024년 12월

약점 보완 해설집 p.4

▶ 해설 p.8

[01 - 02] 다음 전제를 읽고 반드시 참인 결론을 고르시오.

01.

전제	모든 가수는 라디오를 좋아한다.
	어떤 배우는 라디오를 좋아하지 않는다.
결론	

① 모든 배우는 가수이다.

② 모든 배우는 가수가 아니다.

③ 모든 가수는 배우가 아니다.

④ 어떤 배우는 가수가 아니다.

⑤ 어떤 가수는 배우가 아니다.

02.

전제	축구를 좋아하는 어떤 사람은 야구를 좋아한다.
	농구를 좋아하는 모든 사람은 야구를 좋아하지 않는다.
결론	

① 축구를 좋아하는 모든 사람은 농구를 좋아한다.

② 농구를 좋아하는 모든 사람은 축구를 좋아한다.

③ 축구를 좋아하는 모든 사람은 농구를 좋아하지 않는다.

④ 축구를 좋아하는 어떤 사람은 농구를 좋아한다.

⑤ 축구를 좋아하는 어떤 사람은 농구를 좋아하지 않는다.

03. 다음 결론이 반드시 참이 되게 하는 전제를 고르시오.

전제	어떤 회사원은 기부를 하지 않는다.
결론	어떤 회사원은 독서를 좋아하지 않는다.

① 기부를 하는 모든 사람은 독서를 좋아한다.

② 기부를 하는 어떤 사람은 독서를 좋아한다.

③ 독서를 좋아하는 어떤 사람은 기부를 한다.

④ 독서를 좋아하는 어떤 사람은 기부를 하지 않는다.

⑤ 기부를 하지 않는 모든 사람은 독서를 좋아하지 않는다.

04. A와 B는 주사위를 각각 세 번씩 던져 최종 점수가 높은 사람이 승리하는 게임을 하였다. 다음 조건을 모두 고려하였을 때, 항상 <u>거짓인</u> 것을 고르시오.

- 처음 A와 B의 점수는 각각 0점이다.
- 주사위를 던져 나온 숫자가 짝수면 그 값을 점수에 더하고, 홀수면 그 값을 점수에서 뺀다.
- 2회전에서 주사위를 던져 나온 숫자는 B가 A보다 컸으며, 그 외에는 모두 A가 B보다 컸다.
- 주사위 숫자로 4는 총 세 번 나왔다.
- 1회전에서 주사위를 던져 나온 숫자는 A와 B 모두 짝수이다.
- A와 B가 주사위를 던져 홀수가 나온 경우는 각각 한 번이다.
- A가 승리하였다.

① A의 최종 점수가 7점 이상이면, 가능한 경우의 수는 5가지이다.

② B가 2회전에서 주사위를 던져 나온 숫자가 홀수이면, 가능한 경우의 수는 2가지이다.

③ A가 주사위를 던져 나온 숫자 2개가 연달아 같다면, 가능한 경우의 수는 1가지이다.

④ B의 최종 점수가 7점이면, B는 주사위를 던져 4가 총 두 번 나왔다.

⑤ A와 B의 최종 점수가 4점 차이면, B가 주사위를 던져 나온 홀수는 1이다.

05. A, B, C, D, E 5명은 도착하는 순서대로 1번 자리부터 순차적으로 자리에 앉는다. 다음 조건을 모두 고려하였을 때, 항상 참인 것을 고르시오.

- D는 5명 중 마지막 순서로 도착하지 않는다.
- A와 C 사이에 1명이 자리에 앉는다.
- 6번 자리는 빈자리이다.
- B는 2번 자리에 앉는다.

[자리 배치도]

1번	2번	3번	4번	5번	6번

① A와 E가 앉는 자리 번호의 합은 6 이상이다.

② C가 A보다 먼저 도착한다면, C와 D가 앉는 자리 번호의 합은 6이 아니다.

③ A가 3번 자리에 앉는다면, 가능한 경우의 수는 4가지이다.

④ E가 가장 마지막 순서로 도착한다면, 가능한 경우의 수는 1가지이다.

⑤ D가 A보다 먼저 도착한다면, E가 도착한 바로 다음 순서로 C가 도착한다.

06. 갑, 을, 병, 정, 무 5명이 달리기 시합을 했으며, 1등부터 5등까지 등수가 정해졌다. 5명 중 짝수 등수인 사람의 말은 거짓, 홀수 등수인 사람의 말은 진실일 때, 2등인 사람을 고르시오.

- 갑: 병은 나의 바로 다음 순서로 결승선에 들어왔어.
- 을: 갑보다 나중에 결승선에 들어온 사람은 2명이야.
- 병: 정은 나의 바로 다음 순서로 결승선에 들어왔어.
- 정: 을은 2등을 하지 않았어.
- 무: 나는 5등이 아니야.

① 갑   ② 을   ③ 병   ④ 정   ⑤ 무

07. A, B, C, D, E, F 6개의 알약을 알약 통에 넣으려고 한다. 다음 조건을 모두 고려하였을 때, 항상 거짓인 것을 고르시오.

- C는 4번 자리에 넣는다.
- A와 F는 같은 열에 넣는다.
- B와 D는 같은 행에 넣는다.

[알약 통]

	1열	2열	3열
1행	1번	3번	5번
2행	2번	4번	6번

① C와 E는 다른 행에 넣는다.
② A와 B는 같은 행에 넣는다.
③ A를 2번 자리에 넣으면, 가능한 경우의 수는 2가지이다.
④ A를 D와 같은 행에 넣으면, 가능한 경우의 수는 4가지이다.
⑤ B를 E와 같은 열에 넣으면, 가능한 경우의 수는 4가지이다.

08. 가, 나, 다, 라, 마, 바, 사, 아 8명은 A, B, C, D 사 중 한 회사에서 각자 핸드폰을 구매하려고 한다. 다음 조건을 모두 고려하였을 때, 항상 거짓인 것을 고르시오.

- 같은 회사의 핸드폰을 구매하는 사람은 최대 3명이다.
- A~D 사 중 8명이 아무도 핸드폰을 구매하지 않는 회사는 없다.
- 가와 나는 같은 회사의 핸드폰을 구매한다.
- 다는 B 사, 사는 C 사의 핸드폰을 구매한다.
- B 사의 핸드폰은 2명, C 사의 핸드폰은 3명이 구매한다.
- 라는 마와 같은 회사, 사와 다른 회사의 핸드폰을 구매한다.

① 바는 A 사의 핸드폰을 구매한다.
② 마는 D 사의 핸드폰을 구매한다.
③ 가와 같은 회사의 핸드폰을 구매하는 사람은 가를 포함하여 3명이다.
④ 다가 바와 같은 회사의 핸드폰을 구매하면 아는 A 사의 핸드폰을 구매한다.
⑤ 아가 B 사의 핸드폰을 구매하면 바와 같은 회사의 핸드폰을 구매하는 사람은 바를 포함하여 2명이다.

09. 갑, 을, 병, 정, 무 5명은 A, B, C, D 기업 중 한 개를 선택하여 같은 기업에 함께 투자하려고 한다. 다음 조건을 모두 고려하였을 때, 항상 참인 것을 고르시오.

> - 5명은 각각 한 기업만 선택할 수 있으며, 다수결의 원칙에 따라 투자 기업을 정한다.
> - 갑은 A 기업, 정은 B 기업을 선택한다.
> - 병은 B 기업과 C 기업을 선택하지 않는다.
> - 을은 무와 같은 기업을 선택한다.
> - 다수결의 원칙을 적용할 수 없는 경우는 없다.

① 을이 선택한 기업에 투자한다.

② 정이 선택한 기업에 투자하면, 가능한 경우의 수는 1가지이다.

③ 을과 병이 같은 기업을 선택하면, D 기업에 투자한다.

④ 병이 A 기업을 선택하면, 을과 정은 같은 기업을 선택한다.

⑤ 갑과 같은 기업을 선택한 사람은 갑을 포함하여 2명 이상이다.

10. 희진, 미지, 지우, 선호, 민아, 우희 6명은 여수행, 익산행, 정동진행, 서울행 기차 중 한 대에 탑승하였다. 다음 조건을 모두 고려하였을 때, 항상 참인 것을 고르시오.

> - 4대의 기차 중 6명이 아무도 탑승하지 않은 기차는 없다.
> - 서울행, 익산행, 여수행, 정동진행 순으로 기차가 먼저 출발하였다.
> - 우희보다 먼저 출발한 사람은 3명이다.
> - 정동진행 기차에는 2명이 탑승하였다.
> - 미지는 선호보다 먼저 출발하였다.
> - 지우와 민아는 희진이보다 늦게 출발하였다.
> - 희진, 지우, 민아, 우희는 서로 다른 기차에 탑승하였다.

① 우희는 미지보다 먼저 출발하였다.

② 지우는 선호보다 먼저 출발하였다.

③ 지우와 미지가 같은 기차에 탑승하였다면, 서울행 기차에 탑승한 사람은 2명이다.

④ 익산행 기차에 탑승한 사람이 1명이면, 선호와 민아는 함께 출발하였다.

⑤ 희진이와 같은 기차에 탑승한 사람이 있다면, 가능한 경우의 수는 2가지이다.

11. 지희, 수연, 해준, 지민, 명우 5명은 각 동이 1층부터 5층까지 있는 건물 A 동과 B 동에 개인 사무실을 배정받았다. 다음 조건을 모두 고려하였을 때, 항상 <u>거짓</u>인 것을 고르시오.

- 각 동의 각 층에는 5명 중 1명만 배정받았다.
- 지민이가 배정받은 사무실은 명우가 배정받은 사무실 바로 위에 인접하여 있다.
- 수연이가 배정받은 층과 동일한 층에 배정받은 사람은 없다.
- 지희는 A 동, 수연이는 B 동에 배정받았다.
- 해준이와 명우는 같은 동에 배정받았다.
- 4층에 배정받은 사람은 없다.

① 명우는 B 동에 배정받았다.
② 지희와 같은 층에 배정받은 사람이 해준이면, 가능한 경우의 수는 4가지이다.
③ 해준이가 5층에 배정받았다면, 가능한 경우의 수는 8가지이다.
④ 명우가 1층에 배정받았다면, 지희는 5층에 배정받았다.
⑤ 지민이가 3층에 배정받았다면, 해준이는 1층에 배정받았다.

12. 갑, 을, 병, 정, 무, 기 6명은 서로 다른 시각에 도착했으며, 도착한 순서대로 테이블의 원하는 자리를 골라 서로 마주 보고 앉았다. 다음 조건을 모두 고려하였을 때, 항상 참인 것을 고르시오.

- 기는 다섯 번째 순서로 도착했고, 정은 마지막 순서로 도착하지 않았다.
- 갑은 첫 번째 순서로 도착하여 3번 자리에 앉았다.
- 두 번째 순서로 도착한 사람은 4번 자리에 앉았다.
- 정은 첫 번째 순서로 도착한 사람과 마주 보는 자리에 앉았다.
- 을보다 먼저 도착한 사람은 3명이고, 무는 을이 고른 자리의 바로 오른쪽 자리에 앉았다.

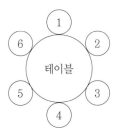

① 병과 마주 보고 앉은 사람은 을이다.

② 무는 병보다 먼저 도착했다.

③ 정은 세 번째 순서로 도착했다.

④ 정과 무 순서 사이에 도착한 사람은 2명이다.

⑤ 을과 병이 마주 보고 앉았다면, 병은 세 번째 순서로 도착했다.

13. A, B, C, D, E, F 사는 4~7월 중 한 달을 선택하여 필기시험을 한 번 진행할 예정이다. 다음 조건을 모두 고려하였을 때, 항상 <u>거짓</u>인 것을 고르시오.

- 4~7월 매달 필기시험이 진행되며, 한 달에 3개 이상의 회사가 함께 필기시험을 진행하지 않는다.
- B 사는 4월에 필기시험을 진행한다.
- D 사는 F 사와 같은 달에 필기시험을 진행한다.
- C 사와 같은 달에 필기시험을 진행하는 회사는 없다.
- 한 달에 2개의 회사가 함께 필기시험을 진행하는 달은 이웃한 달이다.
- C 사보다 앞선 달에 필기시험을 진행하는 회사가 있으며, 그 회사는 최대 4개이다.

① C 사는 5월에 필기시험을 진행한다.

② 6월에 필기시험을 진행하는 회사는 2개이다.

③ B 사와 같은 달에 필기시험을 진행하는 회사가 있다.

④ F 사가 6월에 필기시험을 진행하면, A 사와 같은 달에 필기시험을 진행하는 회사가 있다.

⑤ E 사와 같은 달에 필기시험을 진행하는 회사가 없으면, C 사는 D 사보다 먼저 필기시험을 진행한다.

14. 갑, 을, 병, 정 4명은 2019년부터 2021년까지 부여, 논산, 서천, 서산에서 근무했으며, 매년 4명은 네 지역 중 서로 다른 지역에서 근무했다. 다음 조건을 모두 고려하였을 때, 항상 참인 것을 고르시오.

- 4명은 한 지역에서 2년 연속하여 근무하지 않았다.
- 2019년에 을은 부여, 정은 서천에서 근무했다.
- 서산에서 근무한 사람은 바로 직전 해에 부여에서 근무했다.
- 서천에서 근무한 사람은 바로 다음 해에 논산에서 근무하지 않는다.
- 2021년에 부여에서 근무한 사람은 갑이다.

① 제시된 기간 동안 갑은 서산에서 근무한 적이 있다.

② 제시된 기간 동안 병은 논산에서 근무하지 않았다.

③ 갑은 2020년에 논산에서 근무했다.

④ 2020년에 서산에서 근무한 사람은 바로 다음 해에 논산에서 근무했다.

⑤ 2020년에 부여에서 근무한 사람은 바로 다음 해에 서천에서 근무했다.

[15 – 17] 다음 도형에 적용된 규칙을 찾아 '?'에 해당하는 도형을 고르시오.

15.

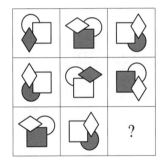

①   ②   ③

④   ⑤

16.

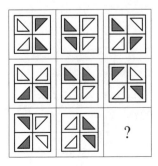

①   ②   ③

④   ⑤

17.

[18 – 21] 다음 각 기호가 문자, 숫자의 배열을 바꾸는 규칙을 나타낸다고 할 때, 각 문제의 '?'에 해당하는 것을 고르시오.

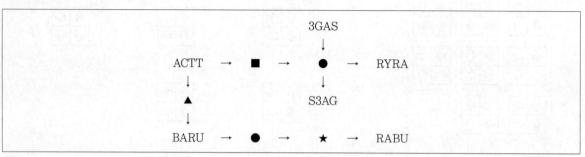

```
                              3GAS
                               ↓
        ACTT  →  ■  →          ●  →  RYRA
          ↓                    ↓
          ▲                   S3AG
          ↓
        BARU  →  ●  →  ★  →  RABU
```

18.

VPBN → ★ → ● → ?

① VPNB   ② BPVN   ③ VBNP   ④ BPNV   ⑤ VBPN

19.

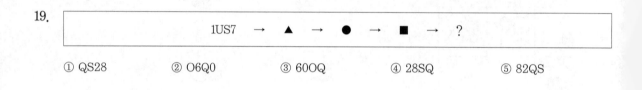

1US7 → ▲ → ● → ■ → ?

① QS28   ② O6Q0   ③ 60OQ   ④ 28SQ   ⑤ 82QS

20.

? → ★ → ▲ → DAD4

① 3FCC   ② F3CC   ③ 5BEY   ④ B5YE   ⑤ 3CFC

21.

? → ■ → ★ → ★ → P2Y6

① 0N4W   ② 4R8A   ③ R4A8   ④ N0W4   ⑤ 8AR4

22. 다음 문단을 논리적 순서대로 알맞게 배열한 것을 고르시오.

(A) 이를 뒷받침하는 대표적인 사례로, 유럽에서 공업화로 인해 매연으로 가득 찬 도시의 나무껍질은 검은색으로 오염되면서 흰 날개를 가진 나방은 몸을 숨기지 못하여 천적인 새에게 잡아먹히며 개체 수가 급감하였다. 반면에 검은 날개를 가진 나방은 날개가 검게 오염된 나무껍질의 보호색이 되었고, 결국 천적으로부터 살아남아 개체 수를 늘릴 수 있었다.

(B) 하지만 영국의 생물학자인 찰스 다윈은 이를 다르게 보았다. 그는 기린의 목이 발달한 것이 아니라, 높은 가지의 나뭇잎을 섭취하려면 목이 짧은 기린보다 목이 긴 기린이 유리하기 때문에 목이 짧은 기린은 생존에 실패하고 목이 긴 기린만이 살아남아 지금까지 그 모습이 유지된 것으로 여겼다.

(C) 바티스트 라마르크는 처음으로 생물의 진화를 언급한 프랑스의 생물학자로, 생물은 자주 쓰는 기관이 발달하고 그렇지 않은 기관이 쇠퇴한다는 '용불용설(用不用說)'을 제시했다. 라마르크는 태초의 기린이 지금처럼 긴 목을 갖지 않았으나, 높은 가지에 있는 나뭇잎을 먹기 위해 목을 늘리면서 점차 목이 긴 모습으로 진화했다고 주장하였다.

(D) 다윈은 이를 정리하여 생물이 환경에 적응하기 위해 여러 형태로 변이될 때, 동종의 개체 중 생존에 가장 유리하게 변이된 개체만이 자손을 남기고, 그렇지 못한 개체는 도태된다는 자연선택설을 주장했다.

---

① (C) – (A) – (B) – (D)

② (C) – (B) – (D) – (A)

③ (C) – (D) – (A) – (B)

④ (D) – (A) – (C) – (B)

⑤ (D) – (B) – (A) – (C)

23. 다음 문단을 논리적 순서대로 알맞게 배열한 것을 고르시오.

(A) 이후 프랑스의 황제 나폴레옹이 여왕의 의자에 밧줄을 매달아 여왕이 계단 없이도 건물의 층과 층 사이를 이동할 수 있도록 만들었다는 기록이 남아있다. 당시의 엘리베이터는 바구니나 의자에 사람을 태우고 줄에 매달면 사람들이 밧줄을 잡아당겨서 움직이는 형태였기에 공중에 떠 있다가 줄이 끊어질 경우 큰 사고로 이어질 수 있어 위험성이 매우 높았다.

(B) 사람들은 기원전부터 우물에서 물을 긷기 위해 두레박에 밧줄을 매달아 사용하거나, 무거운 물건을 옮기기 위해 거중기를 사용해왔다. 이 장치들은 모두 도르래의 원리를 활용한 것으로, 현대인의 생활에 필수적인 엘리베이터의 원시적인 형태로 여겨진다. 밧줄과 도르래를 사용한 최초의 엘리베이터는 BC 200년 무렵 고대 그리스의 과학자인 아르키메데스에서부터 시작되었다고 전해진다.

(C) 엘리베이터가 추락할 것이라는 우려와 다르게 케이블이 끊어졌음에도 공중에 안전하게 떠 있는 모습을 본 사람들은 엘리베이터의 안정성을 신뢰하게 되었고, 그의 엘리베이터는 3년 후에 브로드웨이의 5층짜리 건물에 설치되며 세계 최초의 승객용 엘리베이터라는 명칭을 얻게 되었다.

(D) 실제로 엘리베이터의 줄이 끊어져서 인명 피해가 발생하는 사고가 자주 발생하자 발명가 엘리샤 오티스는 안전장치가 설치된 엘리베이터를 개발하였다. 그는 자신의 엘리베이터가 안전하다는 사실을 증명하기 위해 1853년 뉴욕 국제 박람회에서 엘리베이터에 직접 탄 후 조수에게 엘리베이터와 연결된 케이블을 끊게 하였다.

① (B) - (A) - (C) - (D)
② (B) - (A) - (D) - (C)
③ (B) - (D) - (C) - (A)
④ (C) - (D) - (A) - (B)
⑤ (C) - (D) - (B) - (A)

24. 다음 진술이 모두 참이라고 할 때 반드시 <u>거짓</u>일 수밖에 없는 것을 고르시오.

> 최근 식품업계가 펀슈머를 겨냥한 마케팅에 힘을 다하고 있다. 즐거움을 의미하는 펀(Fun)과 소비자를 의미하는 컨슈머(Consumer)가 합쳐져 만들어진 펀슈머는 물건을 구매하면서 상품에 대한 재미를 느끼고자 하는 소비자를 의미한다. MZ세대의 부상과 함께 개인의 취향이 존중되는 시대 흐름에 따라 트렌드로 자리 잡은 펀슈머는 단순히 제품을 소비하는 데에서 그치지 않고 제품에 대한 사용 경험을 SNS, 동영상 플랫폼 등을 통해 공유하며 소비 업계에 큰 영향력을 미치는 것이 특징이다. 이로 인해 다양한 기업에서는 펀슈머 마케팅을 통해 제품을 판매하고 있다. 마카 모양의 플라스틱병에 음료를 담아 판매한다던가 구두약 브랜드와 똑같이 생긴 포장지의 초콜릿 등이 대표적이며, 단순히 일부 업계에서만 이루어지는 관행이 아니라 의류, e-스포츠, 웹드라마 등 곳곳에서 확인할 수 있다. 펀슈머 마케팅을 활용할 경우 서로 다른 산업끼리도 교류를 통해 다양한 제품을 출시할 수 있고, 재생산된 소비 경험은 다시 이색 상품이 탄생하는 데에 영향을 미치기도 한다. 다만, 식품업계 부문에서는 우유 모양의 샴푸나 딱풀 모양의 사탕 등 다른 분야와 식품업계 간의 협업으로 어느 한쪽을 이용할 때 사용 의도에서 완전히 벗어나 소비자가 이용 시 해를 입을 수도 있으므로 펀슈머 마케팅 활용 시 다소 주의하여야 한다.

① 펀슈머들은 상품을 소비한 뒤 자신의 사용 경험을 SNS나 동영상 플랫폼에 공유하는 경향이 있다.

② 물건을 구매하며 상품에 대한 재미를 함께 느끼고 싶어 하는 소비자를 일컬어 펀슈머라고 한다.

③ 펀슈머 마케팅의 일환으로 서로 다른 산업끼리 교류하여 새로운 제품을 출시하기도 한다.

④ 식품업계는 펀슈머 마케팅으로 인한 리스크가 가장 적으므로 펀슈머 마케팅 활용을 독려해야 한다.

⑤ 펀슈머 마케팅은 e-스포츠, 웹드라마 등 다양한 분야에서 활용되고 있다.

25. 다음 진술이 모두 참이라고 할 때 반드시 <u>거짓</u>일 수밖에 없는 것을 고르시오.

> 대부분의 스마트폰은 처음 출시된 이래로 기술이 발전함에 따라 더 커지고 더 얇아지게 되었다. 스마트폰이 점차 얇아지고 있지만, 한편으로는 고배율 등 카메라의 성능이 더 좋아짐에 따라 스마트폰에서 카메라가 튀어나와 있는 모습을 쉽게 확인할 수 있다. 카메라 렌즈는 빛을 모아 상을 만들어 피사체를 나타내는데, 이 과정에서 상이 뒤틀리게 되는 수차 현상이 나타나게 된다. 수차 현상을 줄이기 위해서는 여러 개의 볼록 렌즈와 오목 렌즈를 간격을 두고 결합해 빛이 투과하도록 만들어야 하기 때문에 카메라 렌즈는 일정한 두께를 가질 수밖에 없다. 그러나 최근에는 메타렌즈가 개발되어 스마트폰에 카메라가 튀어나온 현상이 해결될 것으로 예측된다. 메타렌즈는 굴곡이 없는 초박막 평면임에도 불구하고 나노 입자가 빛을 작은 크기의 한 지점에 정확하게 모아주게 된다. 즉, 렌즈 표면에 나노 크기의 이산화타이타늄 기반의 핀이 균일하게 배열되어 있기 때문에 렌즈는 굴곡 없이 평평할 수 있는 것이다. 특히 400nm 정도로 작은 물체까지도 선명하게 확인할 수 있도록 한다는 이점이 있다. 최근에는 국내의 한 연구진이 기존의 굴절렌즈 대비 10,000배 더 얇은 초박막 메타렌즈 개발에 성공하였는데, 이는 머리카락의 굵기보다 100배가량 얇은 정도이므로 이처럼 얇은 초박막 메타렌즈가 상용화된다면 적외선 내시경, CCTV, 야간투시경과 같이 여러 분야에 응용될 수 있을 것으로 기대된다.

① 메타렌즈는 굴절렌즈와 달리 표면이 평평해 스마트폰의 카메라가 튀어나온 현상을 해결할 수 있다.

② 최근 국내의 연구진이 개발한 초박막 메타렌즈는 기존의 굴절렌즈보다 100배 더 얇다.

③ 메타렌즈의 표면에는 이산화타이타늄 기반의 핀이 균일하게 배열되어 있다.

④ 메타렌즈를 활용하면 400nm의 작은 물체도 선명하게 볼 수 있다.

⑤ 카메라 렌즈가 빛을 모아 피사체를 나타내고자 할 때 수차 현상이 나타나게 된다.

26. 다음 진술이 모두 참이라고 할 때 반드시 <u>거짓</u>일 수밖에 없는 것을 고르시오.

기술 분야에서 뉴로모픽 반도체의 상용화가 트렌드로 주목받고 있다. 본래 AI의 연산 성능 고속화 및 소비전력효율을 최적화시키기 위해 AI 반도체를 활용한다. AI 반도체는 가장 진화된 반도체 기술로써 저장, 연산 처리, 통신 기능들이 융합된 반도체이다. 기존에는 AI 반도체로 GPU 반도체가 사용되는 것이 일반적이었다. GPU 반도체는 병렬 연산 처리에 최적화되어 있으나, 소비 전력과 비용 측면에서 부담이 컸다. 그러나 뉴로모픽 반도체는 인간의 뇌가 구동하는 방식을 구현한 것으로, 시냅스가 작동하는 방식을 모사하여 입력 신호의 기록에 의거해 저항 상태가 변화되고 저장되도록 하여 효율성을 높인 병렬 연산 인공지능형 반도체로 여겨진다. 뉴로모픽 반도체를 활용할 경우 하드웨어 크기는 물론 전력 소모를 GPU 반도체 대비 1억 분의 1까지 감소시킬 수 있다. 뉴로모픽 반도체의 궁극적 개발 목표는 인지·추론과 같은 뇌의 고차원 기능까지 실현할 수 있도록 함에 있는데, 미래 시장을 AI가 주름잡게 될 것임을 고려하면 뉴로모픽 반도체를 상용화하는 국가 혹은 기업이 반도체 시장을 선도할 가능성이 높다. 실제로 한 시장 조사 결과에 따르면 AI 반도체 시장은 2025년에는 약 82조 원까지 그 규모가 확대될 것으로 예측되는 등 그 발전 속도가 매우 빠르다. 최근에는 삼성전자와 하버드가 뉴로모픽 반도체 관련 미래 비전을 제시하는 등 관련 기술에 대한 개발이 이루어지고는 있지만, 좀 더 빠르게 후속 연구를 진행할 수 있도록 정부를 포함한 각계의 지원이 이루어질 필요가 있다.

① GPU 반도체는 병렬 연산 처리에 최적화된 반도체이다.

② GPU 반도체를 활용하면 뉴로모픽 반도체 사용 시보다 전력 소비량이 1억 분의 1까지 감소하게 된다.

③ 반도체 기술 중 가장 진화된 기술인 AI 반도체에는 저장, 연산 처리, 통신 기능이 융합되어 있다.

④ 뉴로모픽 반도체는 시냅스를 모방해 인간의 뇌 구동 방식을 구현한 기술이다.

⑤ 2025년에 AI 반도체 시장 규모는 80조 원 이상으로 커질 것이다.

27. 다음 내용을 바탕으로 추론할 수 있는 것을 고르시오.

농구란 다섯 사람씩 두 편으로 나뉘어, 상대편의 바스켓에 공을 던져 넣어 얻은 점수의 많음을 겨루는 경기를 말한다. 1891년 매사추세츠주 스프링필드의 YMCA 체육학교에서 교사로 있던 제임스 네이스미스에 의해 겨울 실내 스포츠로 창안되었으며, 우리나라에는 1902년 미국인 선교사인 질레트에 의해 소개되었다. 맨 처음 농구가 창안되었을 당시에는 공이나 링의 크기가 정해진 것은 아니었다. 공은 크고 가벼워 양손으로 사용 가능한 것이면 가능했고, 링 대신 체육관 양쪽에 복숭아 상자를 달고 공을 던져 공이 그 가운데에 머물렀을 때 골인으로 인정하였다. 오늘날과 같은 룰과 링이 적용된 것은 1894년부터이다. 현재 사용 가능한 농구공은 동그란 모양이면서 표면이 어두운 가죽과 고무 또는 합성 재료로 만들어져야 한다. 특히 내부에 공기를 넣을 수 있으면서 둘레는 0.749~0.780m, 무게는 0.567~0.650kg이어야 하는데, 이때 공을 이은 홈의 너비는 0.635m 이하여야 한다. 코트는 남녀 구분 없이 장애물 없는 가로 28m, 세로 15m의 직사각형으로 구성되어야 하며, 코트의 천장 높이는 7m 이상이어야 한다. 경기 인원은 각 팀당 5명으로 구성되며, 센터라인에서의 점프볼로 시작된 경기는 전·후반 각각 20분씩 진행되는데, 승부가 나지 않았을 경우에는 전·후반을 구분하지 않고 5분 동안 연장전을 치르게 된다. 3점 라인 안에서 골을 넣을 경우 2점, 반대로 3점 라인 밖에서 넣은 골은 3점을 얻게 된다. 다만, 상대 팀의 파울에 대한 벌칙으로 얻게 된 프리스로(Free throw)의 경우 1골당 1점을 얻을 수 있다. 농구는 정해진 시간 안에 많은 득점을 얻은 팀이 승리하므로, 경기 종료 시점의 득점 상황에 따라 승패가 결정된다.

① 농구 코트의 경우 세로 28m, 가로 15m의 직사각형으로 이루어져야 한다.
② 우리나라의 경우 제임스 네이스미스에 의해 농구가 전파되었다.
③ 농구 경기에서 연장전 시행 시 전·후반 각각 5분씩 총 10분이 주어진다.
④ 농구는 창안될 당시부터 현재의 농구 경기와 동일한 룰이 적용되었다.
⑤ 농구 경기에서 승패의 가늠은 전·후반 각각의 득점을 구분하지 않고 경기 종료 시점의 득점 상황으로 결정된다.

28. 다음 주장에 대한 반박으로 가장 타당한 것을 고르시오.

    세계 각국에서는 산후조리를 위해 닭, 돼지고기, 달걀 등 단백질 위주의 육류 음식을 먹는다고 한다. 그러나 우리나라의 경우 산후조리 시 전통적으로 해조류인 미역국을 섭취하고 있다. 미역국이 산후조리에 효과적인 이유는 요오드 함유량 때문이다. 일반적으로 성인의 1일 요오드 섭취권장량은 0.15mg이지만, 임산부와 수유부의 경우 각각 0.24mg과 0.34mg으로 1일 요오드 섭취권장량이 증가하게 된다. 갑상샘 호르몬의 주재료인 요오드는 아기의 중추신경계 및 뼈 발달에 큰 영향을 미치므로 임산부 및 수유부는 요오드를 잘 섭취할 필요가 있다. 그러나 문제는 건조미역 7g이 들어간 미역국 한 그릇을 기준으로 할 때, 요오드는 1.1mg이 함유되어 있다는 점이다. 건강한 사람이라면 큰 문제가 되지 않지만, 임산부나 수유부와 같이 갑상샘 질환이 나타날 가능성이 높은 사람은 요오드 섭취가 오히려 독이 될 수 있다. 따라서 미역국과 같이 요오드가 많이 함유된 식품은 산모의 건강을 해칠 수 있으므로 이제는 우리나라도 산모에게 미역국 위주의 식단이 아닌 단백질 위주의 육류 식단을 제공할 필요가 있다.

① 미역 내에 함유된 요오드 양을 고려하면, 삼시세끼 미역국을 먹는 산후조리 방법은 임산부와 수유부의 건강에 안 좋을 수 있다.

② 갑상샘 질환을 보유한 환자라면 미역국을 많이 먹는 행위는 본인의 건강을 해칠 수 있으므로 섭취 시 유의해야 한다.

③ 미역에는 요오드 외에도 섬유질, 철분, 칼슘이 풍부하므로 적당량을 섭취한다면 산모의 건강 유지에 큰 도움이 된다.

④ 미역과 더불어 요오드가 많이 함유된 해조류 위주의 식단은 1일 요오드 섭취권장량을 넘지 않는지 주의하며 먹어야 한다.

⑤ 임산부와 수유부는 그렇지 않은 사람보다 많은 양의 요오드를 섭취해야 하지만, 건강을 위해서는 단백질 위주의 육류 식단을 섭취해야 한다.

29. 다음 글을 바탕으로 아래 〈보기〉를 이해한 내용으로 적절한 것을 고르시오.

1961년 미국의 심리학자인 스탠리 밀그램은 대다수의 인간이 권위적인 불법적 지시에 반항하지 못한다는 사실을 입증하기 위해 하나의 실험을 진행한다. 그는 징벌을 통한 학습 효과를 알아보기 위해 실험을 진행한다며 실험에 참가할 사람들을 모집하였고, 한편으로는 전문 배우를 모집해 교수와 학생을 연기하도록 하였다. 피실험자들은 교수와 학생이 전문 배우라는 사실은 알지 못한 채 학생이 문제를 틀릴 때마다 교수의 지시에 따라 학생에게 전기 충격을 가하였다. 이때 전기 충격은 15~450볼트 중 교수가 원하는 정도까지 올릴 수 있도록 하였다. 밀그램은 전체 실험 참가자 중 0.1%만이 최대 전압까지 올릴 것으로 예측했지만, 실제로는 전체 피실험자의 65%가 450볼트까지 전압을 올린 것을 확인할 수 있었다. 피실험자들은 자신이 최대 전압까지 올릴 경우 학생이 죽을 수도 있다는 사실을 인지하고 있었으나, 권위자인 교수의 말에 복종한 것이다.

〈보기〉

나치 전범인 아돌프 아이히만(Adolf Eichmann)이 체포되었을 때, 대부분의 사람들은 그가 포악한 성정을 소유한 악인일 것으로 예측하였다. 하지만, 실제로 아이히만은 매우 평범하고 가정적인 사람이었으며, 정신과 전문의들 역시 아이히만의 정신 상태는 매우 정상이라고 검진하였다. 아이히만을 재판하는 과정에서 그는 유대인에게 홀로코스트를 자행했던 자신의 행동은 국가의 명령에 따른 직무를 성실히 수행한 것뿐이며, 만약 월급을 받는 자신이 본인의 업무를 제대로 해내지 못할 경우 그러한 상황에 대해 양심의 가책을 느꼈을 것이라고 진술하였다.

① 아돌프 아이히만은 실제 상황에서 유대인을 학살하는 행동을 했다는 점에서 밀그램 실험에 참여한 피실험자들과 동일시할 수 없다.
② 밀그램의 실험 상황에서는 실제 교수와 학생이 아닌 전문 배우가 연기한 것이므로 신뢰도 측면에서 매우 낮다고 보아야 한다.
③ 밀그램의 실험을 통해 대다수의 사람은 아돌프 아이히만과 달리 권위자가 지시하더라도 잔혹한 행동에는 참여하지 않음을 알 수 있다.
④ 아돌프 아이히만이 국가의 지시에 따라 악행을 자행했다고 진술한 것처럼 밀그램의 실험에 참여한 피실험자들도 권위에 복종해 잔혹한 행동을 했다고 보아야 한다.
⑤ 아돌프 아이히만이 재판에서 진술한 내용은 현실을 도피하기 위함이라고 보아야 하므로 실제로는 정신적인 문제가 있었을 것이다.

0. 다음 글을 바탕으로 아래 〈보기〉를 이해한 것으로 적절한 것을 고르시오.

> 1903년 프랑스 파리에서는 진보적인 성격의 전시회 '살롱 도톤(Salon d'Automne)'이 창설되었고, 제3회를 맞이한 살롱 도톤의 7번 전시실에서 '야수파(Fauvisme)'가 탄생한다. 당시 살롱 도톤의 7번 전시실 벽에 걸린 작품을 본 비평가 루이 복셀이 전시실 중앙에 있던 알베르 마르크의 고전주의 양식 청동 조각에 대해 '야수의 우리에 갇힌 도나텔로!'라고 평가한 것에서 야수파라는 명칭이 유래한 것으로 전해진다. 여기서 야수는 앙리 마티스와 앙드레 드랭을 중심으로 한 작가들의 강렬한 색채와 거친 선이 뒤범벅된 작품을 일컫는다. 이들이 그린 빨간 하늘과 파란 나무들이 있는 풍경화, 노란색과 초록색의 얼굴을 한 초상화는 기존의 사실주의에 입각한 작품에 익숙했던 대중과 비평가들에게 엄청난 충격으로 다가왔다. 야수파 작가들은 아카데미즘에 저항하여 새로운 기법을 추진하고자 빨강, 노랑, 초록, 파랑 등 순수한 원색을 정열적으로 사용하여 캔버스에 개성을 대담하게 표현하였다. 이렇게 색채를 강하게 좇는 야수파의 표현 방식은 색채에 대한 전통적인 사실주의 체계를 완전히 깨트렸다. 이들의 작품에 등장하는 강렬한 색채와 과격한 정신의 표현은 빈센트 반 고흐의 영향을, 대상에 예속되지 않는 색과 형태에 의한 조형 질서는 폴 고갱과 나비파의 영향을 받은 것으로 분석된다.

〈보기〉

> 기베르티, 브루넬레스코와 함께 르네상스 초기의 3개 조각가로 여겨지는 이탈리아 피렌체 출신의 조각가 도나텔로는 〈성조르조상〉, 〈다비드〉와 같은 정확하고 객관적인 사실주의에 기반을 둔 작품으로 널리 알려졌다. 인간의 존엄성을 회복하고 문화적 교양을 발전시키고자 하는 인본주의적 표현을 주도로 하였던 도나텔로는 나무, 청동, 대리석 등 조각에 사용되는 자료들에 사람의 형체를 극도로 세밀하게 새기는 놀라운 능력을 보유하고 있었다. 도나텔로의 작풍(作風)은 자연주의의 전통과 고전 형태미에 기초하면서 점차 사실주의로 발전하였으며, 공간의 깊이를 창출하는 혁신적인 기법으로 입체감과 촉감을 걸출하게 표현하여 근대 조각에 지대한 영향력을 미쳤다.

① 도나텔로가 이끌었던 인본주의적 표현 방식을 계승한 야수파의 표현 방식은 현대 미술로까지 이어졌다.

② 제3회 살롱 도톤의 7번 전시실 벽에 있던 작품과 도나텔로의 작품에 대한 루이 복셀의 평가는 동일했을 것이다.

③ 루이 복셀은 알베르 마르크의 청동 조각을 도나텔로의 작품과 같이 사실주의를 표방한 것으로 여겼다.

④ 야수파의 작풍은 도나텔로의 작풍과 다르게 고전적인 형태미를 기반으로 발전하였다는 점에서 차이점이 있다.

⑤ 도나텔로의 영향을 받은 야수파는 나무, 청동, 대리석 등의 다양한 재료를 활용하여 작품을 완성하였다.

약점 보완 해설집 p.8

무료 바로 채점 및 성적 분석 서비스 바로 가기
QR코드를 이용해 모바일로 간편하게 채점하고 나의 실력이 어느 정도인지, 취약 부분이 어디인지 바로 파악해 보세요!

“ 삼성최종합격을 위한 첫 걸음을 뗀 당신, 해커스잡이 항상 곁에서 응원합니다. ”

성명:　　　　　　　　　　　　수험번호:

①	②
정답	정답
③	④
정답	정답
⑤	
정답	

성명:　　　　　　　　　　　　수험번호:

⑥

정답

⑦

정답

⑧

⑨

수리논리

정답

정답

⑩

정답

성명: 　　　　　　　　　　수험번호:

⑪

정답

⑫

정답

⑬

정답

⑭

정답

⑮

정답

성명:　　　　　　　　　　　　수험번호:

⑯

정답

⑰

정답

⑱

정답

⑲

정답

수리논리

⑳

정답

성명: 수험번호:

①

정답

②

정답

③

정답

④

정답

⑤

정답

⑥

정답

⑦

정답

⑧

정답

성명: 수험번호:

⑨

정답

⑩

정답

⑪

정답

⑫

정답

⑬

정답

⑭

정답

⑮

정답

⑯

정답

성명:　　　　　　　　　　　수험번호:

⑰

정답

⑱

정답

⑲

정답

⑳

정답

㉑

정답

㉒

정답

㉓

정답

㉔

정답

성명: 수험번호:

㉕

정답

㉖

정답

㉗

정답

㉘

정답

㉙

정답

㉚

정답

해커스
GSAT
삼성직무적성검사
FINAL 봉투모의고사

기출동형모의고사
2회

Ⅲ 해커스잡

수험번호	
성명	

기출동형모의고사
2회

시작과 종료 시각을 정한 후, 실전처럼 모의고사를 풀어보세요.

- 수리논리   시   분 ~   시   분 (총 20문항/30분)
- 추리   시   분 ~   시   분 (총 30문항/30분)

□ **시험 유의사항**

　GSAT는 다음과 같이 영역별 제한 시간이 있습니다. 본 모의고사의 마지막 페이지에 있는 GSAT 문제풀이 용지와 해커스ONE 애플리케이션의 학습 타이머를 이용하여 실전처럼 모의고사를 풀어본 후, p.39의 '바로 채점 및 성적 분석 서비스' QR코드를 스캔하여 응시 인원 대비 본인의 성적 위치를 확인해보시기 바랍니다.

영역	문항 수	시간
수리논리	20문항	30분
추리	30문항	30분

※ 2024년 상반기 GSAT 기준

▶ 해설 p.18

01. A가 혼자 해서 완료하는 데 2시간, B가 혼자 해서 완료하는 데 8시간이 소요되는 일이 있다. 이 일을 B와 C가 같이 하면 완료하는 데 2시간 40분이 소요될 때, 이 일을 A와 C가 같이 해서 완료하는 데 소요되는 시간은?

① 1시간   ② 1시간 15분   ③ 1시간 20분   ④ 1시간 30분   ⑤ 1시간 40분

02. Z 사 신입사원은 20대가 2명, 30대가 3명, 40대가 2명이고, 7명 중 3명을 연구직으로 구성하려고 할 때, 30대가 적어도 한 명 포함될 확률은?

① $\frac{4}{35}$ ② $\frac{6}{35}$ ③ $\frac{29}{35}$ ④ $\frac{31}{35}$ ⑤ $\frac{34}{35}$

03. 다음은 Z 회사의 2023년 팀별 팀원 수 및 총매출액과 2023년 팀별 팀원 수 및 총매출액의 전년 대비 증감률을 나타낸 자료이다. 다음 중 자료에 대한 설명으로 옳지 <u>않은</u> 것을 고르시오.

[2023년 팀별 팀원 수 및 총매출액]

(단위: 명, 백만 원)

구분	A 팀	B 팀	C 팀	D 팀
팀원 수	10	5	6	15
총매출액	300	180	240	360

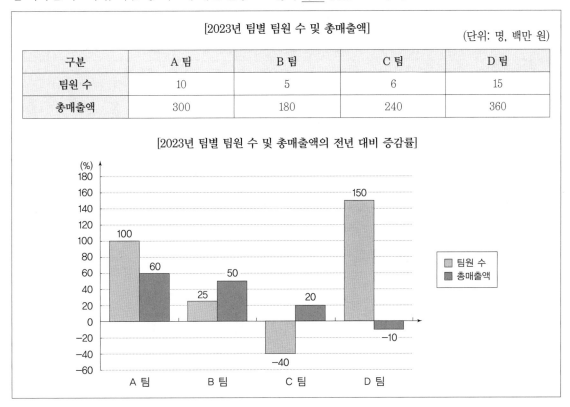

[2023년 팀별 팀원 수 및 총매출액의 전년 대비 증감률]

① 2022년 팀원 수는 A 팀이 B 팀보다 1명 더 많다.

② 2022년 총매출액은 C 팀이 A 팀보다 20백만 원 이상 더 많다.

③ A~D 팀 중 2023년 팀원 1명당 총매출액은 C 팀이 가장 많다.

④ 2023년 B 팀의 팀원 1명당 총매출액은 전년 대비 증가하였다.

⑤ 2023년 총매출액의 전년 대비 변화량은 C 팀과 D 팀이 같다.

04. 다음은 2023년 국가별 GDP와 GDP 대비 연금자산 비율을 나타낸 자료이다. 다음 중 자료에 대한 설명으로 옳은 것을 고르시오.

[국가별 GDP 및 GDP 대비 연금자산 비율]

(단위: 백억 달러, %)

구분	A 국	B 국	C 국	D 국	E 국	F 국	G 국
GDP	2,300	180	1,700	430	210	500	1,600
GDP 대비 연금자산 비율	124	115	25	80	60	75	40

※ GDP 대비 연금자산 비율(%) = (연금자산 / GDP) × 100

① 연금자산은 D 국이 F 국보다 많다.

② GDP 대비 연금자산 비율이 50% 미만인 국가의 GDP 합은 3,500백억 달러 이상이다.

③ GDP 대비 연금자산 비율이 50% 이상 100% 미만인 국가의 연금자산의 합은 1,000백억 달러 미만이다.

④ GDP가 높은 국가일수록 연금자산이 많다.

⑤ A 국과 C 국의 GDP 합은 나머지 5개 국가의 GDP 합보다 작다.

05. 다음은 2022년과 2023년 4분기 카드사별 휴면카드 수 및 비중을 나타낸 자료이다. 다음 중 자료에 대한 설명으로 옳지 <u>않은</u> 것을 고르시오.

[카드사별 휴면카드 수 및 비중]

(단위: 천 장, %)

구분	A 카드사		B 카드사		C 카드사		D 카드사	
	2022년	2023년	2022년	2023년	2022년	2023년	2022년	2023년
휴면카드 수	1,440	1,500	990	1,260	700	1,000	1,200	1,080
비중	12	15	9	12	10	8	6	6

※ 비중은 카드사별 전체 카드 수에서 휴면카드 수가 차지하는 비중을 의미함

① 2023년 4분기 B 카드사의 전체 카드 수의 전년 동 분기 대비 감소율은 5% 미만이다.

② 제시된 카드사 중 2023년 4분기 휴면카드 수가 전년 동 분기 대비 감소한 카드사의 2023년 4분기 휴면카드 수의 전년 동 분기 대비 변화량은 120천 장이다.

③ 2022년 4분기 A 카드사와 C 카드사의 전체 카드 수의 차이는 2,500천 장이다.

④ 제시된 카드사 중 2022년 4분기 전체 카드 수가 가장 많은 카드사는 D 카드사이다.

⑤ 제시된 카드사 중 2022년 4분기 휴면카드 비중이 두 번째로 큰 카드사의 2023년 4분기 휴면카드 수의 전년 동 분기 대비 증가율은 40% 이상이다.

06. 다음은 연도별 Z 국가의 제조업 매출액 및 부가가치율을 나타낸 자료이다. 2017년 이후 부가가치액의 전년 대비 증가율이 가장 높은 해에 부가가치액은?

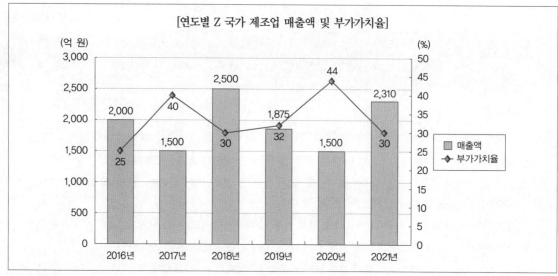

※ 부가가치율(%) = (부가가치액 / 매출액) × 100

① 500억 원 ② 600억 원 ③ 660억 원 ④ 693억 원 ⑤ 750억 원

07. 다음은 Z 지역의 연령대별 임금근로자 수를 나타낸 자료이다. 다음 중 자료에 대한 설명으로 옳지 않은 것을 고르시오.

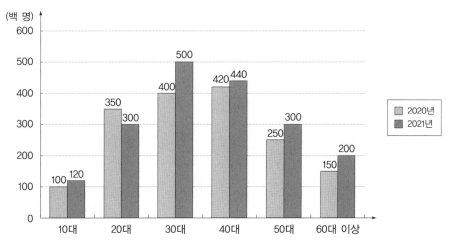

[Z 지역 연령대별 임금근로자 수]

① 2021년 임금근로자 수의 전년 대비 증가율은 10대와 50대가 같다.
② 2021년 임금근로자 수가 전년 대비 감소한 연령대는 20대뿐이다.
③ 2021년 임금근로자 수의 전년 대비 증가율이 가장 높은 연령대는 60대 이상이다.
④ 2021년 임금근로자 수가 200백 명 이상인 연령대의 2021년 임금근로자 수의 합은 1,600백 명 미만이다.
⑤ 2020년 임금근로자 수가 50대와 가장 많이 차이 나는 연령대는 40대이다.

08. 다음은 2023년 12월 A 지역의 연령대별 C 바이러스 확진자 수와 성별 C 바이러스 확진자 수의 비중을 나타낸 자료이다. 2023년 12월 A 지역의 C 바이러스 여자 확진자 수와 남자 확진자 수의 차이는?

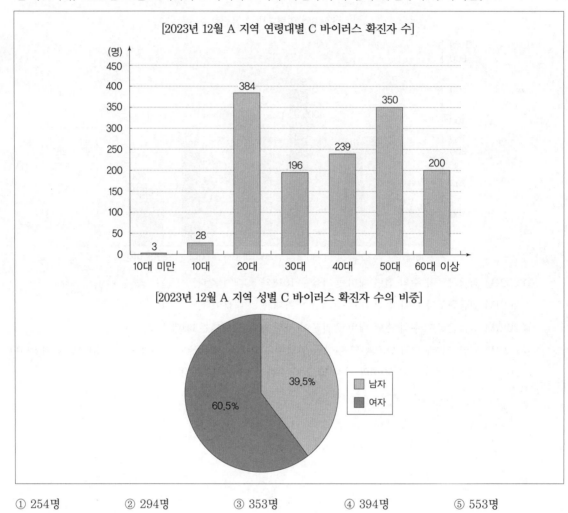

[2023년 12월 A 지역 연령대별 C 바이러스 확진자 수]

[2023년 12월 A 지역 성별 C 바이러스 확진자 수의 비중]

① 254명   ② 294명   ③ 353명   ④ 394명   ⑤ 553명

09. 다음은 2024년 6월 업종별 산업재해 발생 현황을 나타낸 자료이다. 다음 중 자료에 대한 설명으로 옳은 것을 고르시오.

[2024년 6월 업종별 재해자 수 및 재해자 수의 전년 동월 대비 증감률]

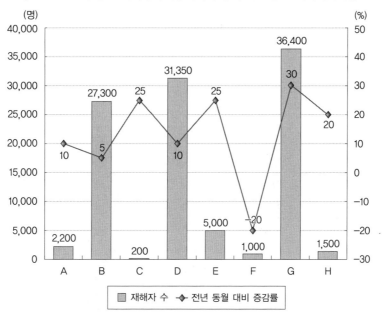

① 2024년 6월 재해자 수가 두 번째로 많은 업종의 2023년 6월 재해자 수는 28,000명 이상이다.

② 2023년 6월 재해자 수는 B 업종이 D 업종보다 많다.

③ 2024년 6월 E 업종의 재해자 수는 전년 동월 대비 1,250명 증가하였다.

④ 2024년 6월 재해자 수가 전년 동월 대비 감소한 업종의 2023년 6월 재해자 수는 1,300명 이상이다.

⑤ 2024년 6월 재해자 수가 가장 많은 업종은 2023년 6월 재해자 수도 가장 많다.

[10 – 11] 다음은 2024년 상반기 지역별 아파트 거래량에 대한 자료이다. 각 물음에 답하시오.

[지역별 아파트 거래량]

(단위: 호)

구분	1월	2월	3월	4월	5월	6월
A 지역	14,000	8,800	8,300	11,700	9,400	7,400
B 지역	5,200	6,200	6,300	8,400	6,800	6,000
C 지역	5,400	5,600	5,300	5,600	6,200	6,600
D 지역	6,400	6,000	10,800	10,500	9,300	9,400
E 지역	2,700	3,400	3,400	3,000	4,200	2,900
F 지역	2,900	2,200	2,500	3,000	2,500	2,700
G 지역	1,800	1,400	1,600	2,000	2,500	3,500
H 지역	1,100	700	800	1,700	700	900
I 지역	35,600	32,900	31,000	31,900	30,400	28,400
J 지역	3,600	4,200	3,700	3,800	4,300	3,700
K 지역	4,900	6,000	4,900	3,600	3,900	4,700
L 지역	5,000	8,000	7,000	6,900	7,600	5,700
M 지역	4,300	4,400	3,800	4,100	3,300	3,200
N 지역	5,100	2,500	3,000	2,700	2,900	2,400
O 지역	7,800	9,000	5,700	5,400	4,800	7,600
P 지역	6,800	5,300	6,800	6,200	9,800	9,600
Q 지역	700	500	500	400	900	800

10. 다음 중 자료에 대한 설명으로 옳은 것을 고르시오.

① A 지역의 1분기 평균 아파트 거래량은 2분기 평균 아파트 거래량보다 적다.

② 제시된 지역 중 6월 아파트 거래량이 1월보다 적은 지역은 총 8곳이다.

③ 6월 아파트 거래량이 1,000호 미만인 두 지역의 6월 아파트 거래량 차이는 100호 미만이다.

④ 제시된 기간 동안 D 지역의 아파트 거래량이 처음으로 10,000호 이상을 기록한 달에 아파트 거래량이 10,000호 이상인 지역은 총 3곳이다.

⑤ 제시된 기간 동안 I 지역의 아파트 거래량이 다른 달에 비해 가장 많았던 달에 I 지역의 아파트 거래량은 Q 지역의 아파트 거래량의 50배 미만이다.

11. 다음 중 자료에 대한 설명으로 옳지 <u>않은</u> 것을 고르시오.

① 제시된 기간 동안 지역별 아파트 거래량의 전월 대비 증감 추이가 N 지역과 동일한 지역은 1곳뿐이다.

② O 지역의 1분기 총 아파트 거래량에서 2월 아파트 거래량이 차지하는 비중은 40%이다.

③ 5월 아파트 거래량의 전월 대비 증가율은 J 지역이 L 지역보다 크다.

④ 제시된 기간 동안 월별 H 지역 아파트 거래량은 매달 다른 지역에 비해 두 번째로 적다.

⑤ 2월 아파트 거래량이 5,000호 이상인 지역은 총 9곳이다.

[12-13] 다음은 연도별 의료기기 업체 수와 의료기기 품목 수 및 생산 금액을 나타낸 자료이다. 각 물음에 답하시오.

[연도별 의료기기 업체 수]

[연도별 의료기기 품목 수 및 생산 금액]

(단위: 건, 백억 원)

구분	2015	2016	2017	2018	2019	2020
품목 수	13,400	14,000	14,900	15,000	15,700	16,500
생산 금액	500	560	580	650	730	1,000

12. 다음 중 자료에 대한 설명으로 옳지 <u>않은</u> 것을 고르시오.

① 2016년 이후 의료기기 품목 수는 매년 전년 대비 증가하였다.

② 2018년 의료기기 생산 금액의 3년 전 대비 증가율은 30%이다.

③ 의료기기 업체 1개당 생산 금액은 2015년이 2017년보다 크다.

④ 의료기기 품목 수의 전년 대비 증가율은 2020년이 2019년보다 높다.

⑤ 2016년 이후 의료기기 업체 수의 전년 대비 변화량이 가장 작은 해는 2016년이다.

13. 다음 중 자료에 대한 설명으로 옳은 것을 <u>모두</u> 고르시오.

a. 2016년 의료기기 품목 1건당 생산 금액은 40억 원이다.
b. 제시된 기간 동안 연도별 의료기기 업체 수의 평균은 3,300개 이상이다.
c. 2018년 이후 의료기기 생산 금액의 전년 대비 증가율은 매년 10% 이상이다.

① a   ② b   ③ a, b   ④ b, c   ⑤ a, b, c

[14 – 15] 다음은 A 지역의 우편물 종류별 물량 및 매출액에 대한 자료이다. 각 물음에 답하시오.

[우편물 종류별 물량 및 매출액]

(단위: 십만 통, 억 원)

구분	2020년		2021년		2022년		2023년	
	물량	매출액	물량	매출액	물량	매출액	물량	매출액
일반통상	3,190	2,060	3,040	2,095	2,800	2,130	2,530	2,100
특수통상	280	180	280	190	270	205	270	225
소포	240	155	270	185	320	240	320	280
인터넷우체국	6	5	10	10	14	15	16	25
합계	3,716	2,400	3,600	2,480	3,404	2,590	3,136	2,630

※ 우편물 종류는 제시된 4가지뿐임

14. 다음 중 자료에 대한 설명으로 옳지 않은 것을 모두 고르시오.

> a. 2023년 전체 우편물 십만 통당 매출액은 전년 대비 증가했다.
> b. 일반통상 물량은 매년 특수통상 물량의 10배 이상이다.
> c. 2021년 전체 우편물 물량에서 소포 물량이 차지하는 비중은 7% 미만이다.

① b   ② c   ③ a, b   ④ b, c   ⑤ a, b, c

15. 다음 중 자료에 대한 설명으로 옳은 것을 고르시오.

① 제시된 기간 동안 연도별 소포 매출액의 평균은 215억 원이다.

② 2022년 특수통상 매출액은 2년 전 대비 15% 이상 증가했다.

③ 제시된 우편물 중 매출액의 전년 대비 증감 추이가 일반통상과 같은 우편물은 1개이다.

④ 제시된 기간 동안 연도별 인터넷우체국의 물량 대비 매출액 비율은 2022년에 가장 크다.

⑤ 2023년 소포 물량은 3년 전 대비 125십만 통 증가했다.

[16 – 17] 다음은 2024년 6~8월 공항별 도착 및 출발 화물량과 7월 C 공항 화물 종류별 출발 화물량 비중을 나타낸 자료이다. 각 물음에 답하시오.

[공항별 도착 및 출발 화물량]

(단위: 톤)

구분	6월		7월		8월	
	도착	출발	도착	출발	도착	출발
A 공항	6,000	5,530	5,860	5,710	6,460	5,220
B 공항	1,280	1,560	1,350	1,680	1,370	1,580
C 공항	7,660	7,990	7,850	7,700	7,040	8,280
D 공항	670	600	640	600	610	500
E 공항	490	580	460	510	410	480
F 공항	390	380	360	370	380	370

[7월 C 공항 화물 종류별 출발 화물량 비중]

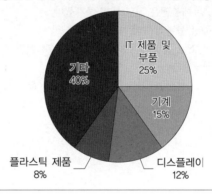

IT 제품 및 부품 25%
기계 15%
디스플레이 12%
플라스틱 제품 8%
기타 40%

16. 다음 중 자료에 대한 설명으로 옳은 것을 모두 고르시오.

> a. 8월 도착 화물량이 6월 대비 증가한 공항은 총 3곳이다.
> b. 제시된 기간 동안 C 공항 출발 화물량은 매월 A 공항과 B 공항 출발 화물량의 합보다 크다.
> c. 제시된 기간 동안 F 공항 도착 화물량의 합은 총 1,100톤 이상이다.
> d. C 공항 도착 화물량의 전월 대비 변화량은 7월이 8월보다 크다.

① a, c   ② b, c   ③ b, d   ④ c, d   ⑤ b, c, d

17. 다음 중 자료에 대한 설명으로 옳지 <u>않은</u> 것을 고르시오.

① 7월 C 공항 출발 화물 중 기계와 디스플레이 화물량의 합은 2,000톤 이상이다.

② 제시된 기간 동안 F 공항의 도착 화물량과 출발 화물량의 차이는 매월 10톤이다.

③ 제시된 기간 동안 E 공항 도착 화물량은 매월 출발 화물량보다 적다.

④ 7월 D 공항 출발 화물량은 같은 달 C 공항 출발 화물 중 플라스틱 제품 화물량보다 많다.

⑤ 제시된 기간 동안 A 공항의 도착 화물량과 출발 화물량의 합이 다른 달에 비해 가장 적은 달은 6월이다.

18. 다음은 Z 회사의 연도별 자동차 판매 대수에 따른 성과급을 나타낸 자료이다. 자료를 보고 a, b에 해당하는 값을 예측했을 때 가장 타당한 값을 고르시오.

[연도별 자동차 판매 대수 및 성과급]

(단위: 대, 만 원)

구분	2021년	2022년	2023년
판매 대수	40	160	100
성과급	5,120	( )	8,960

※ 성과급 = 판매 대수 × $(a-5)^2 + b$ (단, a > 0)

	a	b
①	11	1,440
②	11	2,560
③	13	1,440
④	13	1,960
⑤	13	2,560

19. 다음은 연도별 A 기업의 총지출 및 투자 규모를 나타낸 자료이다. 이를 바탕으로 2017년 이후 A 기업의 총지출 대비 투자 규모의 비중을 바르게 나타낸 것을 고르시오.

[연도별 A 기업 총지출 및 투자 규모]

(단위: 억 원)

구분	2017년	2018년	2019년	2020년	2021년
총지출	200	250	220	300	280
투자 규모	14	40	88	60	98

①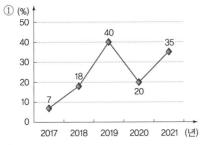

②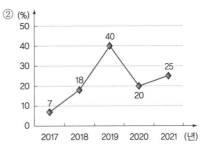

③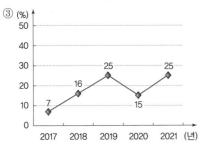

④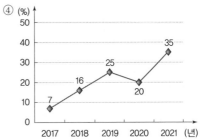

⑤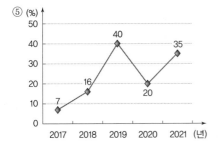

20. 다음은 Z 기업의 A 지점과 B 지점의 순이익을 나타낸 자료이다. A 지점과 B 지점의 순이익이 일정한 규칙으로 변화할 때, A 지점과 B 지점의 순이익의 합이 처음으로 250억 원 이상이 되는 해는?

[지점별 순이익]

(단위: 억 원)

구분	2019년	2020년	2021년	2022년	2023년
A 지점	75	71	67	63	59
B 지점	3	7	15	27	43

① 2029년   ② 2030년   ③ 2031년   ④ 2032년   ⑤ 2033년

약점 보완 해설집 p.18

▶ 해설 p.22

[01 – 02] 다음 전제를 읽고 반드시 참인 결론을 고르시오.

01.

전제	미래를 생각하는 모든 사람은 투자를 한다.
	미래를 생각하는 어떤 사람은 직장인이 아니다.
결론	

① 모든 직장인은 투자를 한다.

② 투자를 하는 모든 사람은 직장인이다.

③ 투자를 하는 모든 사람은 직장인이 아니다.

④ 투자를 하는 어떤 사람은 직장인이다.

⑤ 투자를 하는 어떤 사람은 직장인이 아니다.

02.

전제	공기청정기가 있는 모든 집은 가습기가 있다.
	공기청정기가 없는 모든 집은 에어 프라이어가 없다.
결론	

① 에어 프라이어가 있는 모든 집은 가습기가 있다.

② 에어 프라이어가 있는 모든 집은 가습기가 없다.

③ 가습기가 있는 모든 집은 에어 프라이어가 있다.

④ 가습기가 없는 모든 집은 에어 프라이어가 있다.

⑤ 에어 프라이어가 없는 어떤 집은 가습기가 있다.

03. 다음 결론이 반드시 참이 되게 하는 전제를 고르시오.

전제	한자 자격증이 없는 모든 사람은 한국어 자격증이 없다.
결론	한자 자격증이 없는 모든 사람은 한국사 자격증이 있다.

① 한국어 자격증이 없는 어떤 사람은 한국사 자격증이 없다.

② 한국사 자격증이 없는 모든 사람은 한국어 자격증이 있다.

③ 한국어 자격증이 있는 어떤 사람은 한국사 자격증이 없다.

④ 한국어 자격증이 있는 모든 사람은 한국사 자격증이 있다.

⑤ 한국사 자격증이 있는 모든 사람은 한국어 자격증이 없다.

04. 정비공은 아홉 칸으로 구성된 송관 패널에 관을 삽입하여 정비 작업을 진행하려고 한다. 다음 조건을 모두 고려하였을 때, 항상 참인 것을 고르시오.

- 9개의 칸에 진공관 2개, 질소관 2개, 아르곤관 2개를 삽입한다.
- 5번 칸에는 관을 삽입해야 하며, 그 관은 진공관이 아니다.
- 질소관을 삽입하는 칸은 네 변 중 두 변이 외곽의 벽으로 막힌 곳이어야 한다.
- 아르곤관 2개는 상하로 이웃하게 삽입한다.
- 진공관 2개는 상하 또는 좌우로 이웃하게 삽입하지 않는다.
- 진공관을 삽입하는 칸의 번호는 아르곤관을 삽입하는 칸의 번호보다 크다.

[송관 패널]

1번	2번	3번	상
4번	5번	6번	↕
7번	8번	9번	하

① 송관 패널에 아무런 관도 삽입되지 않는 행이나 열이 존재한다.

② 6번 칸에 진공관을 삽입하면, 8번 칸에도 진공관을 삽입한다.

③ 질소관 2개를 아르곤관과 좌우로 이웃하게 삽입하면, 9번 칸에 진공관을 삽입한다.

④ 1번 칸에 질소관을 삽입하면, 가능한 경우의 수는 6가지이다.

⑤ 질소관 1개와 진공관 1개를 상하 또는 좌우로 이웃하게 삽입하면, 가능한 경우의 수는 6가지이다.

05. 갑, 을, 병, 정 4명은 A, B, C, D 4개의 콘텐츠 중 서로 다른 하나의 콘텐츠를 구독한다. 다음 조건을 모두 고려하였을 때, 항상 <u>거짓</u>인 것을 고르시오.

> - 각 콘텐츠의 구독자 수는 최소 2명이다.
> - A~D 콘텐츠의 구독자 수는 총 15명이다.
> - A~D 콘텐츠의 구독자 수는 서로 다르다.
> - 갑이 구독하는 콘텐츠의 구독자 수가 가장 많다.
> - 병이 구독하는 콘텐츠의 구독자 수가 가장 적다.
> - D 콘텐츠의 구독자 수는 3명이다.
> - A 콘텐츠의 구독자 수는 3명 이하이다.

① 을과 정이 구독하는 콘텐츠의 구독자 수 차이는 1명이다.

② 을이 C 콘텐츠를 구독하면, C 콘텐츠의 구독자 수는 4명이다.

③ 정이 D 콘텐츠를 구독하면, 을은 B 콘텐츠를 구독한다.

④ 갑과 정이 구독하는 콘텐츠의 구독자 수 차이가 2명이면, 을이 구독하는 콘텐츠의 구독자 수는 4명이다.

⑤ 가능한 경우의 수는 총 4가지이다.

06. 학생 A, B, C, D는 서로 다른 숫자가 써져 있는 카드를 1개씩 받았다. 4명 중 가장 작은 숫자를 받은 학생과 가장 큰 숫자를 받은 학생만 거짓을 말할 때, 항상 참인 것을 고르시오.

> - 카드에 써져 있는 숫자는 1~9 중 하나이며, 4명이 받은 카드의 숫자 합은 21이다.
> - A: 내가 가진 카드의 숫자가 가장 작아.
> - B: 내가 가진 카드의 숫자는 3의 배수야.
> - C: 나와 다른 한 명의 카드의 숫자 합은 10이야.
> - D: 내가 가진 카드의 숫자가 가장 큰 숫자는 아니고, 가장 큰 숫자보다 2만큼 작아.

① 4명이 받은 카드 중 가장 작은 숫자는 2이다.

② 4명이 받은 카드 중 가장 큰 숫자는 8이다.

③ D가 받은 숫자가 가장 작을 때, 가능한 경우의 수는 3가지이다.

④ C가 B보다 큰 숫자가 써져 있는 카드를 받았을 때, 가능한 경우의 수는 3가지이다.

⑤ 숫자 1이 써져 있는 카드를 받은 학생이 있다.

07. A의 차량번호는 네 자리 숫자이며, A의 회사 주차장은 차량 5부제를 시행 중이다. 다음 조건을 모두 고려하였을 때, 항상 <u>거짓</u>인 것을 고르시오.

> - 차량번호 끝자리가 월요일에는 1, 6, 화요일에는 2, 7, 수요일에는 3, 8, 목요일에는 4, 9, 금요일에는 0, 5인 차량만 주차 가능하다.
> - A의 차량번호의 각 자리 숫자는 0~9 중 하나이며, 각 자리 숫자는 모두 다르다.
> - A는 화요일과 수요일에 회사 주차장에 주차할 수 없다.
> - 천의 자리 숫자는 0이 아니다.
> - 백의 자리 숫자는 천의 자리 숫자보다 크지만, 그 차이는 2 이하이다.
> - 십의 자리 숫자는 3이다.
> - 각 자리 숫자의 총합은 13이다.

① A의 차량번호에는 4가 있다.

② 백의 자리 숫자가 5이면, 일의 자리 숫자는 1이다.

③ 백의 자리 숫자는 나머지 모든 자리의 숫자보다 크다.

④ A는 목요일에 회사 주차장에 주차할 수 있다.

⑤ A는 금요일에 회사 주차장에 주차할 수 있다.

08. A, B, C, D, E, F는 2명씩 짝을 지어 동물원에서 공연을 관람하려고 한다. 다음 조건을 모두 고려하였을 때, 항상 참인 것을 고르시오.

- 공연장에서 상영하는 공연은 돌고래 공연, 원숭이 공연, 펭귄 공연이다.
- 6명은 각자 하나의 공연만 관람한다.
- 각 공연의 공연 시작 시각은 서로 다르며, 그 시각은 11시, 13시, 15시 중 하나이다.
- A는 가장 빠른 시작 시각의 공연을 관람한다.
- F는 가장 늦은 시작 시각의 공연을 관람한다.
- B는 원숭이 공연을 관람한다.
- Z 아쿠아리움에서 공연이 끝나면 3시간의 정리 시간이 필요하다.

[공연 정보]

공연명	공연 장소	공연 시간
돌고래 공연	Z 아쿠아리움	
원숭이 공연	소동물원	
펭귄 공연	Z 아쿠아리움	

① A는 B와 같은 공연을 관람한다.
② C는 E보다 공연을 일찍 관람한다.
③ F는 C와 같은 공연을 관람한다.
④ D가 E보다 늦게 공연을 관람하면, 가능한 경우의 수는 3가지이다.
⑤ A와 D가 같은 공연을 관람하면, 가능한 경우의 수는 4가지이다.

09. 직원 A, B, C, D, E 5명은 야간에 사무실의 전등을 관리한다. 다음 조건을 모두 고려하였을 때, 마지막에 켜져 있을 수 있는 전등 번호의 조합이 아닌 것을 고르시오.

- 처음 사무실에는 1~6번 전등이 꺼진 채로 있으며, A부터 B, C, D, E 순서로 한 명씩 사무실에 들어간다.
- 전등 스위치를 누르면 꺼져 있던 전등은 켜지고, 켜져 있던 전등은 꺼진다.
- A는 2번, 3번, 5번 전등의 스위치를 누른다.
- B는 연속하는 3개 숫자의 전등 스위치를 누른다.
- C와 D는 서로 다른 2개의 전등 스위치를 각자 누르고, C와 D가 누르는 4개 전등의 숫자는 모두 다르며, 그 합은 11이다.
- E는 모든 전등의 스위치를 누른다.

① 2번, 3번
② 2번, 6번
③ 5번, 6번
④ 1번, 4번, 5번, 6번
⑤ 2번, 3번, 5번, 6번

10. 미란, 미주, 혜리, 준석, 진원, 영희 6명은 간식을 받기 위해 한 줄로 섰다. 다음 조건을 모두 고려하였을 때, 항상 참인 것을 고르시오.

> - 6명 중 맨 앞에 선 사람은 미란이다.
> - 준석이보다 뒤에 선 사람은 최대 1명이다.
> - 혜리는 진원이보다 앞에 섰다.
> - 영희는 미주와 인접한 순서로 줄을 섰으며, 짝수 번째 순서로 줄을 섰다.

① 5명이 줄을 선 경우의 수는 총 4가지이다.

② 혜리와 준석이 순서 사이에 선 사람은 1명이다.

③ 미주는 진원이보다 앞에 섰다.

④ 미주가 세 번째 순서로 줄을 섰다면, 영희는 두 번째 순서로 줄을 섰다.

⑤ 진원이와 영희 순서 사이에 선 사람이 1명이면, 혜리는 두 번째 순서로 줄을 섰다.

11. A, B, C, D, E 5명은 카페에서 아메리카노, 카페라테, 에스프레소 중 1개를 주문했으며, 3개 음료의 가격은 모두 다르다. 다음 조건을 모두 고려하였을 때, 항상 거짓인 것을 고르시오.

> - 각 음료는 최대 2명이 주문했다.
> - C가 주문한 음료가 가장 비싸다.
> - B는 에스프레소를 주문했다.
> - A와 C는 같은 음료를 주문했다.
> - 카페라테를 주문한 사람은 D 또는 E이다.
> - 에스프레소의 가격이 가장 싸다.

① 아메리카노를 주문한 사람은 2명이다.

② B와 같은 음료를 주문한 사람은 없다.

③ D와 같은 음료를 주문한 사람은 1명이다.

④ 3개 음료 중 가격이 두 번째로 비싼 음료를 주문한 사람은 2명이다.

⑤ E가 3개 음료 중 가격이 가장 싼 음료를 주문했다면, 카페라테를 주문한 사람은 2명이다.

12. A, B, C, D, E, F 6명은 기차 특실에 자리를 배정받으려고 한다. 다음 조건을 모두 고려하였을 때, 항상 참인 것을 고르시오.

- 기차 특실은 1인석, 2인석으로 구성되어 있으며, 좌석은 모두 기차의 진행 방향으로 배치되어 있다.
- A는 맨 뒷줄에 앉고, 바로 앞 좌석은 비어있다.
- E는 맨 뒷줄에 앉고, 바로 앞 좌석에 앉는 사람은 B이다.
- 6명 중 1인석에 앉는 사람은 총 2명이다.
- C는 2인석 맨 뒷줄에 앉고, F는 2인석 창가 쪽에 앉는다.
- C와 F는 바로 옆 좌석에 앉는 사람이 있다.

[기차 특실]

복도

창가 ↑ 기차 진행 방향

① 복도 쪽에 앉는 사람은 3명이다.

② F 바로 뒷 좌석에 앉는 사람은 C이다.

③ D가 1인석에 앉으면, B 바로 옆 좌석에 앉는 사람은 없다.

④ E가 1인석에 앉으면, A는 창가 쪽에 앉는다.

⑤ C 바로 앞 좌석에 앉는 사람이 있으면, A는 1인석에 앉는다.

13. 신입사원 A, B, C, D, E, F, G는 서울, 경기, 인천으로 출장을 가려고 한다. 다음 조건을 모두 고려하였을 때, 항상 <u>거짓</u>인 것을 고르시오.

> - 신입사원이 출장을 가지 않는 지역은 없다.
> - D는 경기로 출장을 가지 않는다.
> - C는 서울로 출장을 가지 않는다.
> - 신입사원 중 1명만 인천으로 출장을 간다.
> - 신입사원 중 2명이 서울로 출장을 간다.
> - A, B, C가 출장을 가는 지역은 모두 서로 다르다.

① D와 G는 출장을 가는 지역이 서로 같다.

② A와 F는 출장을 가는 지역이 서로 다르다.

③ 출장을 가는 지역이 확실히 결정되는 신입사원은 4명이다.

④ A가 인천으로 출장을 가면, B와 D는 출장을 가는 지역이 서로 같다.

⑤ C가 경기로 출장을 가면, A와 D는 출장을 가는 지역이 서로 다르다.

14. A 사는 고객에게 가, 나, 다, 라, 마, 바, 사, 아, 자, 차 10개 상품 중 5개 상품을 선물하려고 한다. 다음 조건을 모두 고려하였을 때, 항상 참인 것을 고르시오.

> - 마 상품을 선물하면 라 상품과 아 상품은 선물하지 않는다.
> - 다 상품을 선물하면 나 상품과 차 상품은 선물하지 않는다.
> - 마 상품과 사 상품은 반드시 선물한다.
> - 나 상품이나 바 상품을 선물하면 사 상품은 선물하지 않는다.
> - 나 상품을 선물하지 않으면 가 상품과 자 상품은 반드시 선물한다.

① 나 상품을 선물한다.

② 다 상품을 선물한다.

③ 자 상품을 선물한다.

④ 가 상품을 선물하지 않는다.

⑤ 차 상품을 선물하지 않는다.

[15–17] 다음 도형에 적용된 규칙을 찾아 '?'에 해당하는 도형을 고르시오.

15.
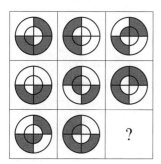

①   ②   ③

④   ⑤

16.

① ② ③

④ ⑤

17.
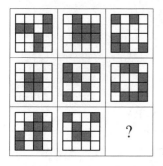

①   ②   ③

④   ⑤

M86S　→　▲　→　N75T
　　　　　　　　　　↓
　　　　　　　　　　★
　　　　　　　　　　↓
VI4S　→　▲　→　○　→　3WHT
　　　　　　　　　　↓
85OP　→　□　→　8O5P

18.

79YO　→　○　→　▲　→　?

① Z80P　　② Z6P8　　③ Z52K　　④ Z68P　　⑤ X68N

19.

CH5Y　→　▲　→　★　→　○　→　?

① 7EEV　　② 7EVE　　③ 7VEE　　④ 9EGV　　⑤ 9EVG

20.

?　→　□　→　★　→　WL54

① N2V8　　② 2VN8　　③ V2N8　　④ V8N0　　⑤ N8V0

21.

?　→　★　→　▲　→　□　→　XZRA

① AVQY　　② VZWD　　③ AVSY　　④ VUXD　　⑤ XQDV

22. 다음 문단을 논리적 순서대로 알맞게 배열한 것을 고르시오.

(A) 루이 15세는 그의 제안에 따라 복권을 찍어내었고 첫 매출에서만 200만 프랑을 얻으며 복권사업을 통해 재정적자를 금방 메울 수 있었다. 국가 재정난을 해결할 묘수를 제안한 카사노바는 모두의 인정을 받아 단숨에 외무부 특사 자리에 앉으며 부와 권력을 손에 쥐게 되었다.

(B) 출세욕이 강했던 카사노바는 자신의 인기를 바탕으로 당시 프랑스의 국왕인 루이 15세에게 사랑받던 퐁파두르 부인에게 접근하여 환심을 샀다. 그 후 각고의 노력 끝에 루이 15세를 알현하는 데 성공한 카사노바는 마침 재정난을 겪고 있던 루이 15세에게 복권사업을 제시하며 이 방법을 이용하면 국가 재정 문제를 해결할 수 있으리라 주장하였다.

(C) 복권사업은 오늘까지도 공공 재원 조달에 활발히 사용되고 있는데, 그 이유는 조세와 달리 강제력을 수반하지 않아도 사람들이 자발적으로 참여하기 때문이다. 개인은 소액의 돈을 쓸 뿐이지만, 이를 통해 쉽게 재원을 조달할 수 있다는 점이 지도자들에게 큰 매력으로 작용하는 것이다.

(D) 희대의 바람둥이로만 알려진 것과 달리 카사노바는 인문, 경제, 예술을 넘나드는 다양한 능력을 지닌 인물이었다. 그는 한때 세상을 홀린 마법사라는 죄목으로 베니스의 감옥에 갇혔으나, 투옥된 지 1년 만에 탈옥하였다. 이 일로 인해 유명세를 얻게 된 카사노바는 베니스를 떠나 프랑스 파리에 도착하였고, 상류사회의 스타로 대접받았다.

---

① (C) - (B) - (A) - (D)

② (C) - (D) - (A) - (B)

③ (D) - (A) - (B) - (C)

④ (D) - (B) - (A) - (C)

⑤ (D) - (B) - (C) - (A)

23. 다음 문단을 논리적 순서대로 알맞게 배열한 것을 고르시오.

> (A) 정신적 시각이 사라진 병적 증세는 1880년 프란시스 갈턴이 최초로 찾아내었다. 이후 2005년 영국의 뇌과학자 애덤 제먼에 의해 아판타시아 증세를 보이는 환자가 발견되어 아판타시아에 관련된 유의미한 연구가 이루어졌고, 한 과학 저널에 해당 사례를 발표하면서 세상에 알려지게 되었다.
>
> (B) 하지만 안면인식장애는 명확한 원인이 존재하는 것과 달리 아판타시아의 원인은 정확하게 밝혀진 바가 없다. 지금까지의 연구로는 뇌의 특정 영역이 일반 사람들과 다르게 작용하거나 다쳤을 경우에 증세가 나타나는 것으로 추측하고 있다. 정신적·심리적 문제 또한 발생 요인이 될 수 있을 것으로 추정하고 있는데, 구체적인 원인과 특징을 파악하기 위한 추가적인 연구가 필요할 것으로 보인다.
>
> (C) 눈으로 본 이미지를 머릿속으로 떠올리지 못하는 상황을 상상할 수 있는가? 시각 실인이라고도 불리는 아판타시아 증후군은 사물의 형태나 색 등을 시각적으로 지각할 수 있으나, 머릿속에서 상상하는 것이 불가능한 병이다. 예를 들어 자신의 강아지가 흰색 곱슬 털을 가졌다는 것은 지각할 수 있으나, 머릿속으로는 그 이미지를 형상화할 수 없는 것이다.
>
> (D) 존재가 알려지고 나서 많은 사람이 자신 또한 같은 증세를 겪고 있다고 제보하였고, 현재 전 세계 인구 중 약 2~3%가 아판타시아를 겪고 있는 것으로 추정되고 있다. 그럼에도 불구하고 많은 환자가 자신의 증상이 질병임을 자각하지 못하거나, 아판타시아를 안면인식장애와 유사한 것으로 생각하기도 한다.

① (A) - (C) - (D) - (B)

② (A) - (D) - (B) - (C)

③ (C) - (A) - (B) - (D)

④ (C) - (A) - (D) - (B)

⑤ (C) - (D) - (B) - (A)

24. 다음 진술이 모두 참이라고 할 때 반드시 <u>거짓</u>일 수밖에 없는 것을 고르시오.

> 발생주의 회계와 현금주의 회계는 기업에서 시행한 거래를 거래가액에 따라 장부에 기록하는 것이라는 점에서 공통점이 있지만, 실제 시행 내용의 경우 매우 상이하다. 발생주의 회계는 기업에 영향을 미치는 재무적인 요인들을 거래가 이루어진 해당 기간의 손익으로만 구분하여 계산하는 회계 방식을 말한다. 이 방식은 수익 및 비용 원칙에 합리적으로 대응할 수 있도록 함으로써 발생주의 회계를 활용하는 기간의 경영성과를 명확히 하고자 하는 데 도입 목적이 있다. 물론 현금의 수취 혹은 지급 기간에는 장부에 기록하지 않고, 거래가 발생한 특정 기간의 거래 내용만 장부에 기록하기 때문에 영업 활동에 대한 기록이나 현금의 유·출입과는 완벽히 일치하지 않는다. 하지만 미래의 현금 흐름을 보다 정확히 판단할 수 있고, 실질적 경제가 발생한 시점에 회계처리를 한다는 점에서 사업 성과를 즉시 확인할 수 있다. 이러한 장점으로 오늘날 우리나라 기업 회계 기준에서는 발생주의 회계를 기준으로 하고 있다. 반면, 현금주의 회계는 현금의 수입과 지출을 기준으로 수익과 비용을 계산하여 장부에 올리는 회계를 의미한다. 발생주의 회계에서 재화와 용역을 인수하거나 인도할 때를 중요하게 생각하는 것과는 다르게 현금주의 회계에서는 단순히 현금을 받고 지급한 시점을 기준으로 장부를 작성하게 된다. 현금주의 회계를 활용할 경우 현금 수입액의 총액에서 현금 지출액의 총액을 제외한 금액을 당기의 순이익으로 판단하게 되는데, 이때에는 수익과 비용을 대응하기 어렵다는 단점이 있다. 이로 인해 현금주의 회계는 대개 소기업이나 의사, 회계사, 변호사 등의 전문 직종에서 활용한다.

① 주로 소기업, 의사 등은 현금주의 회계를 회계 방식으로 사용한다.

② 발생주의 회계를 이용할 경우 수익이나 비용 원칙에 합리적인 대응이 가능하다.

③ 영업 활동에 대한 기록을 확인하고 싶다면 발생주의 회계를 활용해야 한다.

④ 현금주의 회계에서 장부 기록은 현금을 주고받은 시점에 이루어진다.

⑤ 발생주의 회계는 우리나라 기업 회계 기준에 해당한다.

25. 다음 진술이 모두 참이라고 할 때 반드시 <u>거짓</u>일 수밖에 없는 것을 고르시오.

과거 지구의 모습을 추측할 수 있도록 하는 화석은 죽은 채로 발견되는 것이 일반적이다. 그런데, 최근 미국 플로리다에서 살아있는 화석이 발견되어 큰 주목을 받았다. 일명 무족영원(Caecilian)이라 불리는 이 생물체는 지구상에 공룡이 존재할 당시부터 살아가던 원시 양서류로, 고생대 말인 2억 5000만 년 전 남아메리카, 호주, 아프리카, 남극이 하나로 뭉쳐있던 곤드와나 초대륙에서 기원했을 것으로 여겨진다. 지렁이와 유사한 형태로, 발이 없이 긴 검붉은색 몸체를 갖고 있지만 지렁이처럼 마디는 존재하지 않으며, 땅속 생활에 적응해 눈이 거의 퇴화해 시력이 매우 나쁘다. 그렇지만 얼굴의 촉수와 점액을 통해 흙 속에 터널을 형성하며 이동하고, 눈과 코 주변의 감각기관을 활용해 먹이를 잡는다. 크기는 10cm부터 15m에 이르기까지 매우 다양하며, 지렁이와 같은 무척추동물을 주식으로 삼지만 개구리, 도마뱀, 뱀 등도 잡아먹는다. 한편으로는 알에서 갓 태어난 새끼에게 어미가 자기 피부를 먹여 기르는 습성도 갖고 있다. 연구에 따르면 무족영원은 생태계의 일원으로서 자신보다 작은 동물을 잡아먹고 큰 동물에게 잡아먹히는 것으로 보여 환경이나 생태계에 위험한 영향을 미치지 않는 동물임이 밝혀졌다고 한다.

① 무족영원의 크기는 10cm부터 15m까지 매우 다양한 편이다.

② 2억 5000만 년 전에는 호주와 남극이 하나의 대륙이었다.

③ 무족영원은 자신보다 큰 동물을 잡아먹는 생태계 파괴종이다.

④ 과거 공룡이 존재했던 시기에 무족영원도 공룡과 함께 살아갔을 것이다.

⑤ 무족영원은 형태 측면에서 지렁이와 유사하지만 지렁이와 달리 마디가 존재하지 않는다.

26. 다음 내용을 바탕으로 추론할 수 있는 것을 고르시오.

식감과 형태로 인해 빨간 무라고도 불리는 비트는 명아줏과에 속하는 뿌리 식물이다. 과거 16세기 독일에서 재배되기 시작한 비트는 유럽의 남부 지역이 원산지로 알려져 있으며, 우리나라에서는 경기도 이천, 강원도 평창, 제주도에서 주로 재배된다. 우리가 일반적으로 알고 있는 비트는 식용으로, 열매가 부드럽고 색은 보라색과 유사한 짙은 붉은색이나 오렌지 빛 노란색을 띠는 것이 특징이다. 13~18℃의 서늘한 기후에서 잘 자라는데, 재배가 비교적 쉬운 편이라 외국에서는 집에서도 키울 만큼 인기가 많다. 칼로리가 100g당 30kcal에 불과해 다이어트 식단으로만 활용된다고 여기기 쉬우나 우리 몸에 좋은 다양한 영양소를 함유하고 있다. 베타인 색소가 함유되어 있어 세포 손상을 막아주고, 항산화 작용 효과가 토마토 대비 약 8배 더 뛰어나 폐암, 폐렴 등의 질병을 예방하고 염증을 완화하는 효과도 있다. 특히 비트의 8%를 구성하는 염소 성분으로 인해 간 정화 작용과 골격 형성 및 유아 발육에도 도움을 주며, 적혈구 생성, 혈액 정화 등의 긍정적 효과 역시 기대할 수 있다. 섭취 방법의 경우 비트의 지상 부분은 완전히 자라기 전에는 샐러드로 활용하면 좋고, 완전히 자랐을 때에는 조리해서 먹으면 좋다. 대개 비트의 녹색 부분은 제거하고 뿌리만 섭취하는 사람들이 있지만, 비트는 뿌리보다 녹색 부분에 영양소가 더 많이 함유되어 있으므로 건강을 위해서는 뿌리 부분을 포함해 온전한 비트를 모두 섭취하는 것이 좋다.

① 비트에는 염소 성분이 함유되어 있으므로 유아는 먹지 않는 것이 좋다.

② 비트의 영양소는 녹색 부분보다 뿌리에 더 많이 함유되어 있다.

③ 완전히 자라지 않은 비트의 지상 부분은 샐러드보다 조리하여 섭취하는 것이 좋다.

④ 비트는 서늘한 곳에서만 재배 가능하다는 특징이 있어 가정 내에서 기르기는 어렵다.

⑤ 500g의 비트를 먹었다면 150kcal를 섭취했다고 보아야 한다.

27. 다음 진술이 모두 참이라고 할 때 반드시 <u>거짓</u>일 수밖에 없는 것을 고르시오.

> 과거 사이버 가수인 아담이 노래를 발매해 큰 화제를 모았던 적이 있다. 가상세계의 캐릭터인 아담은 최초의 사이버 가수로서 많은 인기를 누리기도 하였으나 입 모양과 제스처를 구현하는 기술적 한계로 인해 짧은 활동을 끝으로 추억 속으로 사라지게 되었다. 하지만 오늘날에는 기술의 발전으로 실제 사람이라고 해도 믿을 만큼 정교한 가상인간을 구현할 수 있게 되었고, 이에 따라 여러 기업에서 앞다투어 가상인간을 만들어내고 있다. 가상인간을 가상 인플루언서 혹은 버추얼 인플루언서라고 부르는데, 이들은 기업 마케팅 등을 위해 만들어진 가상의 디지털 인물로서 SNS나 동영상 플랫폼과 같이 인터넷상에서 강력한 영향력을 드러낸다. 가상인간임에도 실제 사람과 동일한 겉모습은 물론 이름, 성별, 나이와 같은 구체적인 정보도 지니고 있으며, 사람이 SNS상에서 활동하는 것처럼 가상 인플루언서 역시 개인의 일상을 SNS를 통해 공유하고 다른 사람들과 댓글 및 메시지를 통해 소통하게 된다. 최근에는 가상 인플루언서가 SNS상에서 활동하는 것을 넘어 엔터테인먼트, 마케팅 등에서 적극적으로 활용되는 모습을 볼 수 있는데, 이는 시간이나 장소의 제약을 받지 않을뿐더러 기업의 브랜드에 맞춰 이미지를 자유롭게 설정할 수 있고 실제 사람과 달리 사생활 논란 등이 발생할 여지가 없어 리스크 관리에도 용이하기 때문이다. 물론 현실상에 존재하지 않는 인물이라는 점에서 대중이 쉽게 공감하지 못하기도 하고, 상업적 목적으로만 활용될 가능성도 있지만 미래 기술을 통해 이러한 한계를 극복할 수 있게 된다면 가상인간으로부터 파생되는 미래 산업 발전 가능성은 무궁무진할 것으로 예측된다.

① 현재의 기술상에서 가상인간은 실제 인간이라고 믿을 만큼 정교한 수준에 이르렀다.

② 버추얼 인플루언서는 가상의 디지털 인물임에도 인터넷상에서의 영향력이 크다.

③ 가상세계의 캐릭터인 아담은 노래를 발매한 최초의 사이버 가수이다.

④ 버추얼 인플루언서는 SNS상에서도 직접 활동한다는 점에서 대중이 쉽게 공감 가능한 대상이다.

⑤ 버추얼 인플루언서는 실제 사람과 달리 리스크 관리가 수월해 마케팅 등에서 적극 활용되고 있다.

28. 다음 주장에 대한 반박으로 가장 타당한 것을 고르시오.

> 야구는 여타 스포츠 경기와 달리 한 경기를 치르고 나면 선수 개인별로 다양한 결과물들이 기록된다. 수많은 기록들이 누적되면 통계적으로 신뢰할만한 정보가 쌓이게 되는데, 이처럼 오랜 기간 쌓인 통계 자료를 기반으로 선수의 능력을 평가하는 지표를 일컬어 세이버메트릭스(Sabermetrics)라고 한다. 세이버메트릭스 지표의 종류는 다양하지만, 그중에서도 WAR(Wins Above Replacement)이라 불리는 대체 선수 대비 승리 기여도가 가장 일반적으로 활용된다. WAR은 한 개의 기록물을 토대로 판단하는 것이 아니라 한 선수가 기록한 타격, 수비 등 모든 성적이 반영되어 산출된다. 특히 리그별 특성과 구장에 의한 요소까지 수치에 반영하기 때문에 다른 지표 대비 더 정확하게 선수의 개인 능력을 판단할 수 있다. 예컨대 A 선수의 WAR이 5였다면, A 선수는 대체 선수와 비교했을 때 팀에 5승을 더 안겨주었음을 판단할 수 있다. WAR은 선수의 포지션에 관계없이 일괄적 평가가 가능하다는 이점이 있으며, 선수들을 하나의 통일된 지표로 판단할 수 있도록 해 리그 내에서 저평가 혹은 고평가된 선수를 판단할 수 있게 한다. 즉, WAR은 선수에 대한 객관적 판단이 가능하도록 하므로 선수 평가 시는 물론이고 선수들의 연봉 가격을 책정할 때에도 주요 지표로 활용할 필요가 있다.

① WAR은 선수의 다양한 성적이 반영되어 산출된다는 점에서 세이버매트릭스 지표 중 가장 객관적이므로 적극적으로 활용되어야 한다.

② 특정 선수의 WAR이 3이라면 대체 선수보다 연봉을 3배 더 많이 받는 것으로 책정해야 한다.

③ 선수의 연봉을 결정할 때에는 실력 외에도 시장 상황, 구단 매출과 같은 다양한 외부적 요소도 함께 고려되어야 한다.

④ WAR 수치를 토대로 연봉을 산정할 경우 구단과 선수 모두 책정된 연봉에 만족할 수 있다.

⑤ 빅데이터가 활성화된 오늘날에는 세이버메트릭스 지표를 통해서만 개별 선수들을 평가할 필요가 있다.

29. 다음 글을 바탕으로 아래 〈보기〉를 이해한 내용으로 적절한 것을 고르시오.

> 에지 컴퓨팅(Edge computing)이란 사용자가 통신 서비스를 이용할 때 발생하는 데이터를 가장 가까운 서버에서 처리하는 일로, 중앙 집중 서버가 아닌 분산된 소형 서버를 활용한다는 특성이 있다. 에지 컴퓨팅은 사물인터넷(IoT) 보급에 따른 데이터 양 폭증 문제를 해결하고자 개발된 기술로, 중요한 데이터를 실시간으로 처리할 수 있으므로 자율주행차, 스마트 팩토리, 가상현실과 같은 4차 산업혁명에서 주요 기술을 구현할 때 중요하게 작용하게 된다. 실제로 여러 기업에서도 에지 컴퓨팅 기술을 활용하고 있는데, 마이크로소프트사에서는 인텔리전트 에지(Intelligent edge)를 선보이며 상시적으로 데이터가 클라우드와 연결되어 있지 않더라도 개별 디바이스가 클라우드의 역할을 나누어 할 수 있도록 하는 기술을 제시하였고, 아마존웹서비스에서는 AWS 그린그래스를 출시하며 에지 컴퓨팅을 지원하기 위한 기술을 제시하기도 하였다.

> ─〈보기〉─
>
> 2010년대의 데이터 트렌드는 클라우드 컴퓨팅(Cloud computing)으로 요약할 수 있다. 클라우드 컴퓨팅이란 클라우드를 사용하여 인터넷이 연결된 환경에서 여러 종류의 단말기를 통해 저장된 정보에 손쉽게 접근하는 일 또는 그런 처리 과정을 의미한다. 데이터를 중앙 서버에 업로드 및 저장하는 데에서 유래된 클라우드 컴퓨팅은 데이터를 필요로 하는 순간에 언제든지 클라우드에서 다운로드하여 활용할 수 있다는 이점이 있다. 다만, 중앙 서버에 데이터가 집중된다는 점에서 연결이 끊어질 경우 제 역할을 하기 어렵고, IoT 제품들이 보편화된 오늘날의 특성상 데이터가 폭증할 경우 중앙 클라우드에 보관된 데이터를 다시 개별 기기로 전송받고자 한다면 처리 속도가 늦어진다는 단점이 있다.

① 현대 사회에서는 과거와 달리 데이터 폭증 현상은 나타나지 않을 것으로 예측된다.

② 2010년대의 데이터 트렌드는 에지 컴퓨팅이었으나 앞으로는 클라우드 컴퓨팅이 더 주목을 받을 것이다.

③ 에지 컴퓨팅으로 데이터를 처리하면 중앙 서버에 데이터가 몰릴 경우 처리 속도가 늦어질 수 있다.

④ IoT 제품을 효율적으로 활용하기 위해서는 클라우드 컴퓨팅보다는 에지 컴퓨팅을 활용해야 한다.

⑤ 에지 컴퓨팅은 데이터를 중앙 서버에 업로드 및 저장하는 과정을 의미한다.

30. 다음 글을 바탕으로 아래 〈보기〉를 이해한 것으로 적절한 것을 고르시오.

거울 뉴런은 타인의 행동에 대해 거울에 반사된 행동처럼 반응하는 신경 세포를 말한다. 이 신경 세포의 주 역할은 특정 움직임을 하거나 다른 개체의 특정한 움직임을 관찰하는 것으로, 특정 행동이 어떠한 물체를 향해 목적성을 띠며 움직일 때 행동과 물체 간 상호작용에 대해서만 활성화된다고 한다. 또한, 상호작용을 하고 있더라도 모든 행동에 대해 활성화되는 것은 아니며, 따라 할 수 있는 정도의 행동에 대해서만 반응을 보이는 경향이 있다. 오늘날까지 진행된 연구에 따르면 거울 뉴런은 단순히 행동의 모방에서만 그치지 않고 사람에게 있어서 감정에 대한 공감, 타인의 마음 이해 등과도 밀접한 관련이 있음이 밝혀졌다. 실제로 한 연구에서 유리잔을 들며 역겨워하는 장면을 피실험자에게 보여준 뒤 동일한 행동을 하도록 하자 아무런 냄새가 나지 않았음에도 불구하고 피실험자 대부분이 구토하는 반응을 보였고, 피실험자의 대뇌에서 동일한 부분이 활성화되는 것이 확인되었다고 한다. 그러나 뇌졸중으로 거울 뉴런이 활성화되는 부분이 손상된 사람은 실험을 진행하여도 별다른 반응을 보이지 않았다고 한다. 이와 같은 특징의 거울 뉴런은 영장류를 넘어 조류에서도 발견되며 척추동물에게 공통으로 나타나는 사항이라고 여겨지기도 하지만, 기능적인 역할이나 뇌 안의 위치적인 정보를 함께 고려하면 인간이 인간으로서 발전하고 기능할 수 있도록 쌓인 진화론적 결과물이라는 가설도 존재한다. 즉, 진화론적인 측면에서 인간이 감정을 공유하는 등의 고등 문화를 가질 수 있도록 하는 데 거울 뉴런이 영향을 미쳤다고 보는 것이다.

〈보기〉

미국의 심리학자인 알버트 반두라(Albert Bandura)는 '모방 학습'이라는 원리를 도입하여 인간이 학습하는 과정을 설명하고자 하였다. 모방 학습이란 관찰자가 모델의 사고, 태도, 겉으로 드러나는 행동 등을 따라 하거나 모델의 행동에 순응하여 이를 다시 자신의 행동으로 표현하는 것을 말한다. 이때, 관찰자의 모델이 되는 대상은 관찰자로부터 반응을 끌어낼 수 있도록 자극을 주는 실제 인물 또는 상징적 대상이 된다. 상징적 대상으로는 책과 같은 교육 자료, 그림, 정신적 심상, 종교적 인물 등이 있으며, 상황에 따라서는 관찰자가 자기 자신을 모델링하기도 하는데, 이를 일컬어 자기모델링(Self-modelling)이라 한다. 반두라에 따르면 모방은 신생아부터 성인까지 모든 사람 간의 상호작용 과정에서 쉽게 관찰되며, 모방을 통한 학습은 주의를 집중하는 단계, 본 것을 기억하는 단계, 기억한 것을 재생하는 단계, 계속해서 동기를 유발하는 단계를 거쳐 이루어진다고 한다. 즉, 특수한 상황이 아니라면 4개의 단계를 거쳐 모방 학습을 하게 되고, 이때의 모방은 긍정적이고 일상적인 행동 외에도 공격적이고 부정적인 행동에 대해서도 이루어진다.

① 거울 뉴런이 활성화되는 상황을 고려하면 창의적인 행동 모방은 특정한 상황에서만 나타난다.

② 거울 뉴런이 발견된 조류 역시 인간과 마찬가지로 모방 학습을 통한 고등 학습이 이루어진다.

③ 자기 자신을 모델링하는 것은 모방 학습과 거울 뉴런으로 설명할 수 없는 예외적 현상이다.

④ 어린아이가 부모의 부정적인 행동을 따라 하는 것도 거울 뉴런의 영향을 받은 모방 학습의 결과이다.

⑤ 반두라는 종교적 인물과 같은 상징적 대상에 한해 모방 학습이 이루어진다고 보았다.

약점 보완 해설집 p.22

무료 바로 채점 및 성적 분석 서비스 바로 가기
QR코드를 이용해 모바일로 간편하게 채점하고 나의 실력이 어느 정도인지, 취약 부분이 어디인지 바로 파악해 보세요!

66해커스잡에서 눈부시게 빛날 여러분의 내일을 응원합니다.**99**

성명: 수험번호:

①

정답

②

정답

③

정답

④

정답

⑤

정답

성명: 수험번호:

⑥

정답

⑦

정답

⑧

정답

⑨

정답

수리논리

⑩

정답

성명: 수험번호:

⑪

정답

⑫

정답

⑬

정답

⑭

정답

⑮

정답

성명: 수험번호:

⑯

정답

⑰

정답

⑱

정답

⑲

정답

⑳

정답

수리논리

성명: 수험번호:

①

정답

②

정답

③

정답

④

정답

⑤

정답

⑥

정답

⑦

정답

⑧

정답

성명: 수험번호:

⑨

정답

⑩

정답

⑪

정답

⑫

정답

⑬

정답

⑭

정답

⑮

정답

⑯

정답

성명: 수험번호:

⑰

정답

⑱

정답

⑲

정답

⑳

정답

㉑

정답

㉒

정답

㉓

정답

㉔

정답

성명: 수험번호:

㉕

정답

㉖

정답

㉗

정답

㉘

정답

㉙

정답

㉚

정답

해커스
GSAT
삼성직무적성검사
FINAL 봉투모의고사

기출동형모의고사
3회
고난도

🏛 해커스잡

수험번호	
성명	

기출동형모의고사
3회
(고난도)

시작과 종료 시각을 정한 후, 실전처럼 모의고사를 풀어보세요.

- 수리논리   시   분 ~   시   분 (총 20문항/30분)
- 추리   시   분 ~   시   분 (총 30문항/30분)

□ **시험 유의사항**

GSAT는 다음과 같이 영역별 제한 시간이 있습니다. 본 모의고사의 마지막 페이지에 있는 GSAT 문제풀이 용지와 해커스ONE 애플리케이션의 학습 타이머를 이용하여 실전처럼 모의고사를 풀어본 후, p.37의 '바로 채점 및 성적 분석 서비스' QR코드를 스캔하여 응시 인원 대비 본인의 성적 위치를 확인해보시기 바랍니다.

영역	문항 수	시간
수리논리	20문항	30분
추리	30문항	30분

※ 2024년 상반기 GSAT 기준

01. 운동복 1벌과 신발 1켤레의 원가의 합은 4만 원이고, 운동복 1벌은 원가의 40%, 신발 1켤레는 원가의 20% 이윤을 남겨 정가를 책정했다. 운동복 1벌과 신발 1켤레를 판매하면 남는 이윤이 25%일 때, 운동복 1벌의 원가는?

① 1만 원   ② 1.5만 원   ③ 2만 원   ④ 2.5만 원   ⑤ 3만 원

02. 여자 4명, 남자 5명 중 4명을 뽑아 팀을 구성하려고 할 때, 여자와 남자가 각각 최소 1명씩은 포함될 확률은?

① $\frac{1}{21}$ ② $\frac{2}{7}$ ③ $\frac{1}{3}$ ④ $\frac{6}{7}$ ⑤ $\frac{20}{21}$

03. 다음은 본부별 119 구조대 조직대수 및 편성 인원수에 대한 자료이다. 다음 중 자료에 대한 설명으로 옳지 <u>않은</u> 것을 고르시오.

[본부별 119 구조대 조직대수 및 편성 인원수]

(단위: 대, 명)

구분	2018년		2019년		2020년	
	조직대수	편성 인원수	조직대수	편성 인원수	조직대수	편성 인원수
중앙	13	389	13	407	11	353
서울특별시	32	660	32	660	32	652
부산광역시	14	244	15	284	14	258
대구광역시	12	226	12	233	11	234
인천광역시	14	261	14	272	13	268
광주광역시	8	125	8	135	7	125
대전광역시	7	127	7	142	6	145
울산광역시	7	116	7	119	6	105
세종특별자치시	2	26	2	28	2	28
경기도	28	514	28	469	27	491
경기 북부	13	198	13	225	13	230
강원도	23	349	24	360	22	354
충청북도	15	220	15	261	14	258
충청남도	18	230	18	271	17	270
전라북도	12	158	13	177	13	188
전라남도	24	305	24	312	23	300
경상북도	23	286	23	290	22	351
경상남도	22	242	22	250	21	278
제주도	5	67	5	66	4	61
창원	3	48	3	55	3	53

※ 출처: KOSIS(소방청, 119구조구급활동실적보고)

① 제시된 본부 중 2020년 119 구조대 조직대수가 전년 대비 증가한 본부는 없다.

② 2020년 중앙 본부의 119 구조대 편성 인원수는 전년 대비 10% 이상 감소하였다.

③ 부산광역시와 대구광역시 본부의 평균 119 구조대 편성 인원수는 2019년이 2018년보다 20명 이상 더 많다.

④ 2019년 이후 경상북도와 경상남도 본부의 119 구조대 편성 인원수의 전년 대비 증감 추이는 매년 서로 동일하다.

⑤ 2020년 119 구조대 조직대수의 상위 3개 본부와 편성 인원수의 상위 3개 본부는 동일하다.

04. 다음은 Z 지역의 연도별 가계대출 보유자 수와 Z 지역의 금리 유형별 가계대출 보유자 비중을 나타낸 자료이다. 다음 중 자료에 대한 설명으로 옳은 것을 고르시오.

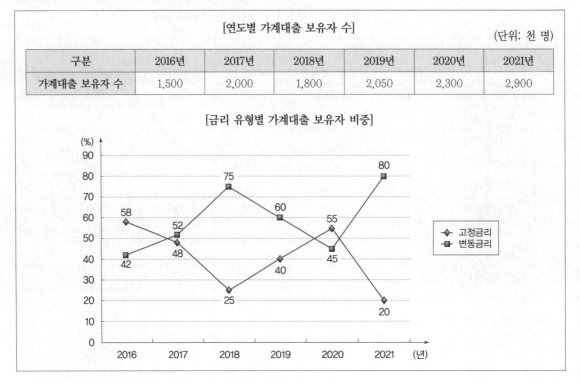

[연도별 가계대출 보유자 수]

(단위: 천 명)

구분	2016년	2017년	2018년	2019년	2020년	2021년
가계대출 보유자 수	1,500	2,000	1,800	2,050	2,300	2,900

① 2017년 이후 가계대출 보유자 수가 전년 대비 감소한 해에 가계대출 보유자 수는 고정금리가 변동금리보다 800천 명 더 적다.

② 고정금리 가계대출 보유자 수는 2020년이 2021년의 2배 미만이다.

③ 고정금리 가계대출 비중이 변동금리 가계대출 비중보다 높은 해에 변동금리 가계대출 보유자 수는 총 2,000천 명 이상이다.

④ 2017년 이후 변동금리 가계대출 보유자 수의 전년 대비 증가 인원이 가장 많은 해는 2021년이다.

⑤ 2019년 고정금리 가계대출 보유자 비중의 전년 대비 증가율은 같은 해 변동금리 가계대출 보유자 비중의 전년 대비 감소율의 4배 이상이다.

05. 다음은 A 지역의 연도별 학교 비정규직 노동자 수 및 A 지역의 학교 전체 교원 수 대비 비정규직 노동자 수의 비중에 대한 자료이다. 2017년부터 2021년까지 전체 교원 수가 가장 많은 해에 전체 교원 수의 전년 대비 증감률은?

[연도별 학교 비정규직 노동자 현황]

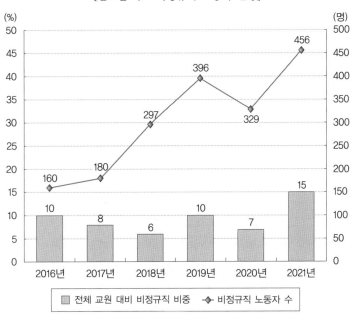

① −35%　　　② −20%　　　③ 20%　　　④ 40%　　　⑤ 120%

06. 다음은 Z 국가의 자동차 브랜드별 자동차 판매량을 나타낸 자료이다. 다음 중 자료에 대한 설명으로 옳지 <u>않은</u> 것을 고르시오.

[브랜드별 자동차 판매량]

(단위: 만 대)

구분	2021년		2022년		2023년	
	상반기	하반기	상반기	하반기	상반기	하반기
A 브랜드	150	100	180	150	144	135
B 브랜드	125	80	200	120	150	114
C 브랜드	100	100	150	80	105	96
D 브랜드	60	55	90	120	99	84
E 브랜드	80	85	50	70	65	84
F 브랜드	25	30	40	60	34	54
G 브랜드	40	60	30	50	39	25
H 브랜드	50	70	40	100	32	85

① H 브랜드의 2023년 전체 자동차 판매량은 2년 전 대비 3만 대 감소하였다.

② 제시된 자동차 브랜드 중 2023년 상반기 자동차 판매량의 전년 동 반기 대비 감소율이 가장 높은 브랜드는 B 브랜드이다.

③ 제시된 자동차 브랜드 중 2022년 상반기 자동차 판매량이 다른 브랜드에 비해 가장 많은 브랜드의 2022년 전체 자동차 판매량은 전년 대비 55% 이상 증가하였다.

④ 제시된 자동차 브랜드 중 2021년 전체 자동차 판매량에서 상반기보다 하반기 자동차 판매량이 차지하는 비중이 더 큰 브랜드의 2021년 하반기 자동차 판매량은 총 245만 대이다.

⑤ 2023년 하반기 자동차 판매량의 전년 동 반기 대비 증가율은 C 브랜드와 E 브랜드가 같다.

07. 다음은 Z 기업의 분기별 매출 총이익 및 영업이익에 대한 자료이다. 2023년 1~4분기 중 관리비와 판매비의 총합의 전년 동 분기 대비 증가액이 가장 큰 분기의 영업이익이 2023년 전체 영업이익에서 차지하는 비중은?

[분기별 매출 총이익 및 영업이익]

(단위: 억 원)

구분	2022년				2023년			
	1분기	2분기	3분기	4분기	1분기	2분기	3분기	4분기
매출 총이익	2,100	2,550	1,550	4,420	2,500	3,900	2,000	3,500
영업이익	1,400	2,000	1,050	3,200	1,600	3,200	1,200	2,000

※ 영업이익 = 매출 총이익 − (관리비 + 판매비)

① 15%   ② 20%   ③ 25%   ④ 30%   ⑤ 40%

08. 다음은 S 지역의 의료 업종별 2021년 매출액과 매출액의 전년 대비 증감률을 나타낸 자료이다. 다음 중 자료에 대한 설명으로 옳지 <u>않은</u> 것을 고르시오.

[의료 업종별 2021년 매출액]

(단위: 백만 원)

구분	내과	외과	피부과	치과	산부인과	성형외과	이비인후과
매출액	4,554	6,006	9,072	10,395	4,104	32,760	3,300

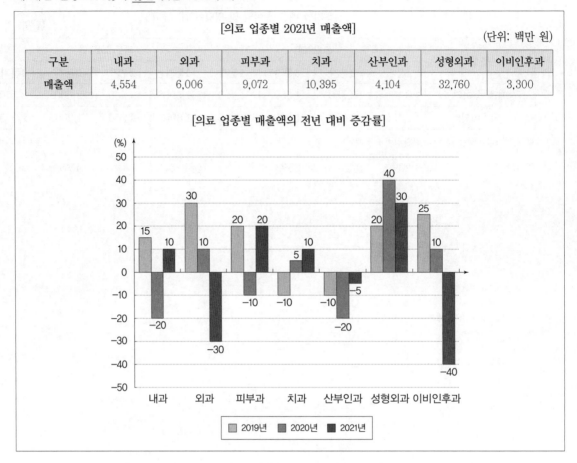

[의료 업종별 매출액의 전년 대비 증감률]

① 2021년 치과의 매출액은 3년 전 대비 500백만 원 미만 증가하였다.

② 2018년 매출액은 내과가 이비인후과보다 크다.

③ 2018년 매출액이 가장 작은 업종은 이비인후과이다.

④ 2020년 매출액이 가장 작은 업종은 산부인과이다.

⑤ 2019년 성형외과 매출액의 전년 대비 증가액은 5,000백만 원 미만이다.

09. 다음은 다문화 신혼부부 출신 국적의 인원수 기준 상위 10개 국적을 나타낸 자료이다. 2019년 다문화 신혼부부의 남편 출신 국적의 순위가 전년 대비 상승한 국적 중 2019년 남편 인원수의 전년 대비 변화량이 가장 큰 국적의 2019년 다문화 신혼부부인 남편과 아내의 총 인원수는?

[다문화 신혼부부의 남편 출신 국적 상위 10개] (단위: 명)

구분	2017년		2018년		2019년	
	국적	인원수	국적	인원수	국적	인원수
1순위	중국	9,335	중국	9,204	중국	9,073
2순위	미국	3,549	미국	3,552	미국	3,487
3순위	베트남	1,911	베트남	2,245	베트남	2,596
4순위	일본	1,194	일본	980	캐나다	929
5순위	캐나다	968	캐나다	970	일본	801
6순위	대만	530	대만	523	대만	552
7순위	영국	490	영국	482	영국	478
8순위	파키스탄	375	파키스탄	338	캄보디아	417
9순위	호주	348	호주	306	호주	344
10순위	프랑스	295	프랑스	279	파키스탄	313

[다문화 신혼부부의 아내 출신 국적 상위 10개] (단위: 명)

구분	2017년		2018년		2019년	
	국적	인원수	국적	인원수	국적	인원수
1순위	중국	26,918	베트남	25,417	베트남	27,967
2순위	베트남	24,376	중국	25,007	중국	23,692
3순위	필리핀	4,872	필리핀	4,232	태국	5,064
4순위	일본	2,992	태국	3,456	필리핀	4,119
5순위	캄보디아	2,534	일본	3,056	일본	3,121
6순위	태국	2,417	캄보디아	2,497	캄보디아	2,556
7순위	미국	1,962	미국	1,975	미국	2,018
8순위	우즈베키스탄	1,002	대만	1,066	대만	1,154
9순위	대만	993	우즈베키스탄	1,028	우즈베키스탄	1,095
10순위	몽골	781	몽골	794	캐나다	872

※ 출처: KOSIS(통계청, 신혼부부통계)

① 602명   ② 1,801명   ③ 2,733명   ④ 2,973명   ⑤ 3,922명

[10 – 11] 다음은 A 사와 B 사의 반도체 불량 건수에 대한 자료이다. 각 물음에 답하시오.

[반도체 종류별 불량 건수]

(단위: 건)

구분		2019년	2020년	2021년	2022년	2023년
A 사	DRAM	12,160	14,450	15,940	16,620	17,800
	SSD	1,220	1,280	1,140	1,060	850
	이미지센서	16,720	15,450	15,820	14,710	14,670
	디스플레이 IC	30,900	29,620	28,700	30,610	27,680
B 사	DRAM	11,810	12,210	12,300	12,520	12,830
	SSD	1,200	1,240	1,230	1,200	1,160
	이미지센서	14,850	14,430	14,530	15,060	15,500
	디스플레이 IC	22,340	21,820	21,540	23,820	23,210

※ A 사와 B 사의 반도체 종류는 제시된 4가지뿐임

[회사별 전체 반도체 불량 건수]

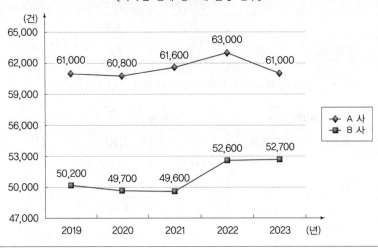

10. 다음 중 자료에 대한 설명으로 옳지 <u>않은</u> 것을 모두 고르시오.

> a. 2023년 회사별 전체 반도체 불량 건수에서 이미지센서 불량 건수가 차지하는 비중은 B 사가 A 사보다 작다.
> b. 2022년 B 사의 디스플레이 IC 불량 건수는 전년 대비 10% 이상 증가하였다.
> c. 제시된 기간 중 B 사의 SSD 불량 건수 대비 A 사의 SSD 불량 건수의 비율이 가장 큰 해는 2019년이다.

① a   ② b   ③ a, b   ④ a, c   ⑤ b, c

11. 다음 중 자료에 대한 설명으로 옳은 것을 고르시오.

① 제시된 기간 동안 A 사의 전체 반도체 불량 건수가 가장 많은 해에 A 사의 DRAM 불량 건수는 전년 대비 580건 증가하였다.

② 2022년 B 사의 전체 반도체 불량 건수의 전년 대비 증가율은 5% 미만이다.

③ 제시된 기간 동안 A 사의 디스플레이 IC 불량 건수는 매년 A 사의 이미지센서 불량 건수의 2배 미만이다.

④ 2019년 A 사의 전체 반도체 불량 건수에서 SSD 불량 건수가 차지하는 비중은 2%이다.

⑤ 2020년 이후 B 사의 반도체 종류별 불량 건수가 전년 대비 꾸준히 증가한 반도체 종류는 2개이다.

[12 – 13] 다음은 A 국의 건물 용도별 에너지 사용량에 대한 자료이다. 각 물음에 답하시오.

[건물 용도별 에너지 사용량]

(단위: 천 TOE)

구분	2022년				2023년			
	합계	전기	도시가스	지역난방	합계	전기	도시가스	지역난방
공동주택	13,936	4,616	7,268	2,052	14,370	4,768	7,474	2,128
단독주택	5,431	2,587	2,840	4	5,398	2,542	2,852	4
근린생활시설	4,981	3,773	1,183	25	4,725	3,606	1,094	25
업무시설	1,932	1,248	536	148	1,891	1,222	514	155
교육연구시설	1,688	1,109	537	42	1,496	1,030	427	39
판매시설	831	604	189	38	750	560	153	37
공장	847	761	66	20	915	831	63	21
숙박시설	702	429	265	8	620	387	226	7
의료시설	662	372	275	15	659	375	267	17
전체	31,010	15,499	13,159	2,352	30,824	15,321	13,070	2,433

12. 다음 중 자료에 대한 설명으로 옳은 것을 고르시오.

① 2023년 제시된 건물 용도의 전체 건물 에너지 사용량은 전년 대비 0.5% 미만 감소하였다.

② 2023년 건물 에너지 사용량의 전년 대비 감소율은 판매시설이 숙박시설보다 높다.

③ 2022년과 2023년 공동주택의 지역난방 사용량은 매년 제시된 건물 용도의 전체 지역난방 사용량의 80% 이상을 차지한다.

④ 2023년 전기 사용량이 1,000천 TOE 미만인 건물 용도의 같은 해 용도별 평균 전기 사용량은 500천 TOE 미만이다.

⑤ 2023년 도시가스 사용량이 1,000천 TOE 이상인 건물 용도의 2023년 도시가스 사용량은 모두 전년 대비 10천 TOE 이상 증가하였다.

13. 제시된 건물 용도 중 2023년 전기 사용량이 도시가스 사용량보다 적은 건물 용도의 2023년 총 전기 사용량의 전년 대비 증감률은 약 얼마인가? (단, 소수점 둘째 자리에서 반올림하여 계산한다.)

① −1.7% ② −1.5% ③ −1.3% ④ 1.3% ⑤ 1.5%

[14 – 15] 다음은 Z 국의 지역별 식품 및 식품첨가물 생산실적 보고 업체 수에 대한 자료이다. 각 물음에 답하시오.

[지역별 식품 및 식품첨가물 생산실적 보고 업체 수]

(단위: 개)

구분	2019년	2020년	2021년	2022년	2023년
A 지역	2,275	2,252	2,101	1,957	1,884
B 지역	1,382	1,406	1,424	1,459	1,524
C 지역	1,072	1,093	1,068	1,079	1,108
D 지역	984	999	1,046	1,076	1,094
E 지역	493	518	524	540	558
F 지역	566	585	561	542	556
G 지역	310	313	306	304	312
H 지역	96	89	100	131	139
I 지역	6,623	6,992	7,185	7,381	7,453
J 지역	1,780	1,801	1,739	1,765	1,819
K 지역	1,722	1,753	1,766	1,999	1,963
L 지역	2,185	2,085	2,239	2,299	2,373
M 지역	2,025	2,076	2,049	2,104	2,150
N 지역	2,392	2,442	2,514	2,639	2,695
O 지역	2,555	2,609	2,731	2,803	2,716
P 지역	2,358	2,316	2,269	2,452	2,486
Q 지역	556	577	469	554	608
전국	29,374	29,906	30,091	31,084	31,438

14. 다음 중 자료에 대한 설명으로 옳지 <u>않은</u> 것을 고르시오.

① 2023년 전국의 보고 업체 수는 2019년 대비 5% 이상 증가하였다.

② H 지역의 보고 업체 수의 전년 대비 증가율은 2022년이 2021년의 3배 이상이다.

③ 2023년 A, D, I 지역의 보고 업체 수의 합은 전국의 보고 업체 수의 30% 이상을 차지한다.

④ 제시된 기간 동안 보고 업체 수는 매년 B 지역이 C 지역보다 많다.

⑤ 제시된 기간 동안 K 지역의 보고 업체 수가 다른 해에 비해 가장 많은 해에 보고 업체 수는 K 지역이 L 지역보다 300개 더 적다.

15. 2023년 보고 업체 수의 전년 대비 감소량이 가장 큰 지역을 제외한 나머지 지역 중 2023년 보고 업체 수가 전년 대비 감소한 지역의 2023년 전체 보고 업체 수는?

① 2,716개   ② 3,847개   ③ 4,600개   ④ 4,679개   ⑤ 6,563개

[16–17] 다음은 2024년 상반기 A 사의 DRAM 및 NAND FLASH 판매량에 대한 자료이다. 각 물음에 답하시오.

[DRAM 및 NAND FLASH 판매량]

(단위: 백억 개, %)

구분	DRAM		NAND FLASH	
	판매량	전년 동월 대비 증감률	판매량	전년 동월 대비 증감률
1월	630	−16	450	−10
2월	605	10	525	−16
3월	650	4	510	−15
4월	600	−4	520	4
5월	620	−20	540	20
6월	630	5	520	−20

16. 다음 중 자료에 대한 설명으로 옳은 것을 모두 고르시오.

> a. 2024년 1월 판매량은 DRAM이 NAND FLASH보다 180백억 개 더 많다.
> b. 2023년 5월 DRAM 판매량은 775백억 개이다.
> c. 2024년 상반기 중 월별 NAND FLASH 판매량이 전년 동월 대비 증가한 달에 2024년 NAND FLASH 판매량의 합은 1,160백억 개이다.

① a   ② b   ③ a, b   ④ a, c   ⑤ b, c

17. 다음 중 자료에 대한 설명으로 옳지 않은 것을 고르시오.

① 2024년 상반기 중 월별 DRAM 판매량과 NAND FLASH 판매량의 합이 가장 적은 달은 1월이다.
② 2023년 2월 판매량은 NAND FLASH가 DRAM보다 적다.
③ 2024년 4월 DRAM 판매량은 전년 동월 대비 25백억 개 감소하였다.
④ 2024년 상반기 월별 DRAM 판매량은 매월 NAND FLASH 판매량보다 많다.
⑤ 2024년 1분기 월별 NAND FLASH 판매량의 평균은 495백억 개이다.

18. 다음은 연도별 A 이벤트의 참여 인원수 및 만족도를 나타낸 자료이다. 자료를 보고 a, b에 해당하는 값을 예측했을 때 가장 타당한 값을 고르시오.

[연도별 A 이벤트 참여 인원수 및 만족도]

(단위: 명, 점)

구분	2021년	2022년	2023년
참여 인원수	8	10	( )
만족도	22.4	30.0	80.0

※ 만족도 $= a \times$ 참여 인원수 $+ b \times \left(\dfrac{\text{참여 인원수}}{10}\right)^2$

	a	b
①	-2	10
②	-2	50
③	2	10
④	2	30
⑤	2	50

19. 다음은 Z 지역의 취업자 수 및 고용률을 나타낸 자료이다. 이를 바탕으로 2017년 이후 Z 지역의 15세 이상 인구수의 전년 대비 증감률을 바르게 나타낸 것을 고르시오.

[연도별 Z 지역 취업자 수 및 고용률]

(단위: 백 명, %)

구분	2016년	2017년	2018년	2019년	2020년	2021년
취업자 수	320	600	600	675	360	312
고용률	40	60	50	45	30	20

※ 고용률(%) = (취업자 수 / 15세 이상 인구수) × 100

①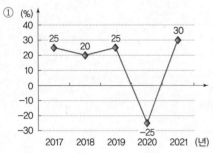

②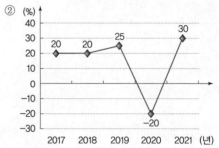

③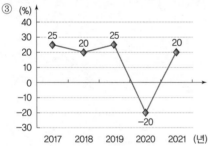

④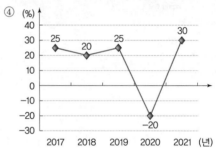

⑤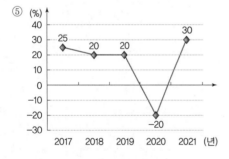

20. 다음은 연도별 갑과 을의 주식 보유 수를 나타낸 자료이다. 갑과 을의 주식 보유 수가 일정한 규칙으로 변화하고 2028년 갑은 1주당 7천 원, 을은 1주당 2천 원의 배당금을 받을 때, 2028년 갑과 을이 받는 배당금의 합은?

[연도별 주식 보유 수]

(단위: 주)

구분	2019년	2020년	2021년	2022년	2023년
갑	75	200	325	450	575
을	50	70	110	170	250

※ 갑과 을은 각각 한 종류의 주식을 보유하고 있음

① 9,050천 원　　② 9,065천 원　　③ 10,200천 원　　④ 10,300천 원　　⑤ 10,700천 원

약점 보완 해설집 p.32

[01 – 02] 다음 전제를 읽고 반드시 참인 결론을 고르시오.

01.

전제	예약이 어려운 모든 펜션은 수영장이 있다.
	수영장이 없는 어떤 펜션은 바비큐장이 있다.
결론	

① 예약이 어려운 모든 펜션은 바비큐장이 있다.

② 바비큐장이 있는 모든 펜션은 예약이 어렵지 않다.

③ 바비큐장이 있는 어떤 펜션은 예약이 어렵다.

④ 바비큐장이 있는 어떤 펜션은 예약이 어렵지 않다.

⑤ 예약이 어렵지 않은 어떤 펜션은 바비큐장이 없다.

02.

전제	리더십이 있는 모든 사원은 발표를 하지 않는다.
	책임감이 없는 모든 사원은 리더십이 없다.
결론	

① 발표를 하는 어떤 사원은 책임감이 있다.

② 책임감이 있는 어떤 사원은 발표를 하지 않는다.

③ 책임감이 있는 모든 사원은 발표를 하지 않는다.

④ 발표를 하지 않는 어떤 사원은 책임감이 없다.

⑤ 발표를 하지 않는 모든 사원은 책임감이 있다.

03. 다음 결론이 반드시 참이 되게 하는 전제를 고르시오.

전제	포도주를 좋아하는 모든 사람은 빵을 좋아한다.
결론	크림치즈를 좋아하는 어떤 사람은 빵을 좋아한다.

① 포도주를 좋아하는 모든 사람은 크림치즈를 좋아하지 않는다.

② 크림치즈를 좋아하는 어떤 사람은 포도주를 좋아하지 않는다.

③ 포도주를 좋아하는 어떤 사람은 크림치즈를 좋아한다.

④ 포도주를 좋아하지 않는 어떤 사람은 크림치즈를 좋아한다.

⑤ 포도주를 좋아하는 어떤 사람은 크림치즈를 좋아하지 않는다.

04. 현재 1층에 위치한 S 건물의 엘리베이터는 1층부터 6층까지 운행하며, 내리는 사람과 탑승하는 사람이 없는 층에서는 멈추지 않는다. 다음 조건을 모두 고려하였을 때, 항상 거짓인 것을 고르시오.

- 6층을 제외하고 다른 층에서 내린 사람은 없다.
- 6층에서는 5층까지 탑승한 사람이 모두 내린다.
- 1층에서 2명이 탑승한다.
- 2~5층 중 탑승한 사람이 없는 층은 한 층뿐이다.
- 4층에서 탑승한 사람 수는 4층으로 올라온 엘리베이터에 탑승하고 있던 사람 수와 같다.
- 6층에서 내린 사람은 9명이다.

① 5층에서 탑승하는 사람은 1명이다.

② 엘리베이터는 3층에서 멈추지 않는다.

③ 3층과 4층에서 탑승하는 사람 수의 차이는 2명 미만이다.

④ 2층에서 2명이 탑승하면, 1~5층 중 4층에서 탑승하는 사람 수가 가장 많다.

⑤ 엘리베이터가 2층에서 멈추지 않는다면, 3층에서 탑승하는 사람은 1명이다.

05. 철수와 영희는 상자에서 공을 2개씩 뽑아 가졌다. 다음 조건을 모두 고려하였을 때, 철수가 뽑은 공의 숫자와 색깔로 가능한 것을 고르시오.

- 상자에는 노란 숫자 또는 빨간 숫자가 쓰여 있는 공 6개가 있었다.
- 6개의 공에 쓰여 있는 숫자는 1부터 5까지이며, 각 숫자가 쓰여 있는 공이 적어도 1개 이상 존재한다.
- 같은 숫자는 같은 색으로 쓰여 있으며, 연속한 세 숫자가 같은 색일 수는 없다.
- 철수와 영희가 각각 첫 번째로 뽑은 공의 숫자 합은 5이다.
- 철수와 영희가 각각 두 번째로 뽑은 공의 숫자는 같다.
- 철수와 영희는 각각 노란 숫자가 쓰여 있는 공 1개, 빨간 숫자가 쓰여 있는 공 1개를 가지고 있다.
- 영희가 가진 공 중 하나는 노란색으로 3이 쓰여 있다.
- 상자 안에 남은 두 공 중 하나는 빨간색으로 4가 쓰여 있다.

① 1 – 빨간색, 2 – 노란색

② 1 – 노란색, 2 – 빨간색

③ 1 – 빨간색, 3 – 노란색

④ 2 – 빨간색, 5 – 노란색

⑤ 3 – 노란색, 5 – 빨간색

06. 버스에 탑승 중인 A, B, C, D, E, F, G 7명은 1~7번 정류장에서 내린다. 다음 조건을 모두 고려하였을 때, 항상 참인 것을 고르시오.

- 1번 정류장부터 버스가 정차하며, 2~7번 정류장에 차례대로 정차한다.
- 아무도 내리지 않는 정류장은 3번, 5번 정류장뿐이다.
- E는 가장 마지막에 정차하는 정류장에서 혼자 내린다.
- 2번 정류장에서 2명이 내린다.
- C와 D는 같은 정류장에서 내린다.
- A는 두 번째로 정차하는 정류장에서 내린다.

① B가 1번 정류장에서 혼자 내리면, C가 내리고 난 후 출발한 버스에 남는 사람은 1명이다.

② F가 4번 정류장에서 내리면, G는 6번 정류장에서 내린다.

③ A와 B가 같은 정류장에서 내리면, 가능한 경우의 수는 4가지이다.

④ D가 내리고 난 후 출발한 버스에 남는 사람이 2명이면, 가능한 경우의 수는 6가지이다.

⑤ C가 F보다 먼저 내리면, 가능한 경우의 수는 5가지이다.

07. 갑 사원은 서로 다른 네 자리 숫자로 비밀번호를 설정한 번호키 자물쇠를 열려고 한다. 다음 조건을 모두 고려하였을 때, 항상 거짓인 것을 고르시오.

- 처음 시도에서는 자물쇠가 열리지 않았으며, 네 번째 자리 숫자만 다시 돌렸더니 자물쇠가 열렸다.
- 자물쇠 번호는 1~9로 구성되어 있다.
- 비밀번호의 두 번째 자리 숫자는 7이다.
- 비밀번호의 첫 번째 자리와 네 번째 자리 숫자의 합은 12이다.
- 비밀번호의 세 번째 자리 숫자는 네 번째 자리 숫자보다 작다.

① 비밀번호의 첫 번째 자리 숫자는 5 이상이다.
② 비밀번호의 세 번째 자리 숫자가 1이면, 비밀번호로 가능한 경우의 수는 4가지이다.
③ 비밀번호의 첫 번째 자리와 세 번째 자리 숫자의 차이가 8이면, 비밀번호로 가능한 경우의 수는 1가지이다.
④ 비밀번호의 첫 번째 자리 숫자가 9이면, 처음 시도에서 네 번째 자리 숫자를 3으로 맞췄다.
⑤ 비밀번호의 두 번째 자리와 세 번째 자리 숫자의 합이 15 이상이면, 첫 번째 자리 숫자는 3이다.

08. A, B, C, D 회사에 a, b, c, d, e, f, g, h 8명의 신입사원이 입사할 예정이다. 다음 조건을 모두 고려하였을 때, 항상 거짓인 것을 고르시오.

- 한 회사에 2명씩 입사한다.
- c, e는 같은 회사에 입사한다.
- h는 b, f와 다른 회사에 입사한다.
- a는 D 회사에, f는 B 회사에 입사한다.
- C 회사에 입사하는 사람 중 한 명은 d이다.

① h는 A 회사에 입사하지 않는다.
② d는 h와 같은 회사에 입사한다.
③ a가 b와 같은 회사에 입사하면, f는 g와 같은 회사에 입사한다.
④ g가 C 회사에 입사하지 않으면, g는 B 회사에 입사한다.
⑤ b가 C 회사에 입사하면, g는 D 회사에 입사한다.

09. A, B, C, D, E 5명은 각자 모니터를 새로 받았다. 다음 조건을 모두 고려하였을 때, 항상 거짓인 것을 고르시오.

- 모니터 사이즈는 24인치 또는 27인치이고, 회전 형식은 회전형 또는 비회전형이다.
- B는 27인치 비회전형 모니터를 받았다.
- A와 B가 받은 모니터의 회전 형식은 서로 다르다.
- C는 비회전형 모니터를 받았다.
- A가 받은 모니터 사이즈는 C, D와 다르고, D와 E가 받은 모니터 사이즈는 서로 같다.
- 비회전형 모니터를 받은 사람은 3명이다.

① B와 C가 받은 모니터 사이즈가 같다면, D는 27인치 모니터를 받았다.
② 24인치 모니터를 받은 사람이 1명이면, E는 27인치 모니터를 받았다.
③ D가 27인치 비회전형 모니터를 받았다면, 가능한 경우의 수는 1가지이다.
④ 27인치 모니터를 받은 사람이 2명이면, 가능한 경우의 수는 1가지이다.
⑤ A와 D가 받은 모니터의 회전 형식이 같다면, 가능한 경우의 수는 2가지이다.

10. 남녀 의대생 갑, 을, 병, 정, 무, 기 6명은 수학, 화학, 물리, 생물 네 과목 중 한 과목씩 수강한다. 다음 조건을 모두 고려하였을 때, 항상 참인 것을 고르시오.

- 네 과목 중 6명이 아무도 수강하지 않는 과목은 없다.
- 남자와 여자 의대생 수는 같다.
- 화학과 물리는 각각 2명씩 수강한다.
- 수학과 생물을 수강하는 사람의 성별은 같다.
- 갑은 여자이고, 정과 기는 남자이다.
- 갑과 무는 화학과 생물을 수강하지 않는다.
- 물리는 남자만 수강한다.

① 을은 화학을 수강한다.
② 무와 기는 같은 과목을 수강한다.
③ 화학을 수강하는 사람의 성별은 같다.
④ 병이 생물을 수강하면, 을은 정과 같은 과목을 수강한다.
⑤ 정이 무와 같은 과목을 수강하면, 기와 같은 과목을 수강하는 사람은 여자이다.

11. 갑, 을, 병, 정, 무 5명의 직업은 의사, 판사, 학생, 작가, 바리스타 중 1개이며 아파트 1~5단지 중 1개 단지에 거주한다. 다음 조건을 모두 고려하였을 때, 항상 <u>거짓</u>인 것을 고르시오.

- 5명의 직업은 모두 다르며, 거주하는 단지도 모두 다르다.
- 갑의 직업은 판사이고, 정은 4단지에 거주한다.
- 2단지에 거주하는 사람의 직업은 학생이고, 작가는 5단지에 거주하지 않는다.
- 병과 무는 서로 인접한 단지에 거주하며, 정과 인접한 단지에 거주하지 않는다.
- 을의 직업은 바리스타가 아니다.

[아파트 단지]

1단지	2단지	3단지	4단지	5단지

① 학생과 작가는 인접한 단지에 거주한다.
② 갑과 병이 인접한 단지에 거주하면, 병의 직업은 학생이다.
③ 정의 직업이 의사이면, 무의 직업은 바리스타이다.
④ 을의 직업이 작가이면, 판사는 5단지에 거주한다.
⑤ 갑이 3단지에 거주하면, 을의 직업은 작가이다.

12. 갑순, 을순, 병순, 정순, 무순, 기순이는 법인카드로 서로 다른 금액의 식비를 결제하였다. 다음 조건을 모두 고려하였을 때, 항상 참인 것을 고르시오.

- 병순이의 결제 금액은 을순이보다 적다.
- 결제 금액이 갑순이보다 적은 사람은 3명이다.
- 기순이의 결제 금액은 정순이와 무순이의 결제 금액의 평균이다.
- 병순이의 결제 금액은 갑순이와 기순이의 결제 금액을 합한 것보다 많다.

① 을순이의 결제 금액은 두 번째로 많다.
② 무순이의 결제 금액은 가장 적다.
③ 갑순이의 결제 금액은 기순이보다 많다.
④ 결제 금액이 정순이보다 적은 사람은 2명이다.
⑤ 병순이의 결제 금액은 정순이와 무순이의 결제 금액을 합한 것보다 적다.

13. A, B, C, D, E, F 6명은 각자 호텔의 서로 다른 방을 예약하려고 한다. 다음 조건을 모두 고려하였을 때, 항상 참인 것을 고르시오.

- 층별로 방을 예약하는 사람은 적어도 1명이다.
- B와 같은 층을 예약하는 사람은 적어도 1명이다.
- C와 같은 층을 예약하는 사람은 없다.
- A는 201호, F는 302호를 예약한다.
- D와 E는 같은 호를 예약하고, D는 E의 바로 아래층을 예약한다.
- B가 예약하는 방과 상하좌우로 인접한 방을 예약하는 사람은 없다.

	1호	2호	3호
4층	401호	402호	403호
3층	301호	302호	303호
2층	201호	202호	203호
1층	101호	102호	103호

① C는 4층을 예약한다.

② D는 3층을 예약한다.

③ A와 같은 층을 예약하는 사람은 1명이다.

④ A보다 아래층을 예약하는 사람은 2명이다.

⑤ B가 3호를 예약하면, B와 E는 같은 층을 예약한다.

14. 민주, 재현, 동윤, 세희, 나연 5명은 퀴즈 4문제를 풀어 많이 맞힌 순서대로 순위가 정해졌으며 5명의 순위는 모두 다르다. 1위부터 5위 중 1위, 4위의 말은 거짓, 2위, 3위, 5위의 말은 진실일 때, 5위를 한 사람을 고르시오.

- **민주**: 나보다 퀴즈를 많이 맞힌 사람은 1명이야.
- **재현**: 나와 나연이가 맞힌 문제 개수의 합은 홀수야.
- **동윤**: 민주의 말은 진실이야.
- **세희**: 나연이의 말은 거짓이야.
- **나연**: 나는 3위야.

① 민주　　　　② 재현　　　　③ 동윤　　　　④ 세희　　　　⑤ 나연

[15-17] 다음 도형에 적용된 규칙을 찾아 '?'에 해당하는 도형을 고르시오.

15.

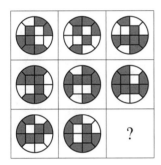

①

② #

③ #

④

⑤

16.

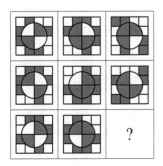

①

②

③

④

⑤

17.

[18 – 21] 다음 각 기호가 문자, 숫자의 배열을 바꾸는 규칙을 나타낸다고 할 때, 각 문제의 '?'에 해당하는 것을 고르시오.

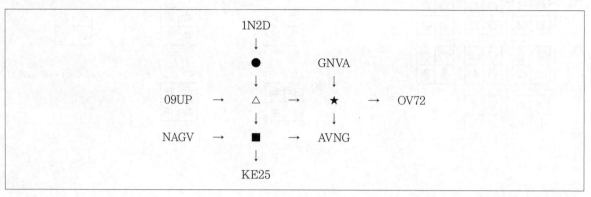

18.

CODE → ★ → ● → ?

① DCNB ② OECD ③ OEQE ④ DCQE ⑤ DCMA

19.

5743 → △ → ■ → ● → ?

① 4197 ② 4164 ③ 4179 ④ 4146 ⑤ 4098

20.

? → ■ → ★ → LGW7

① WL7G ② WLG7 ③ G7LW ④ G7WL ⑤ W7LG

21.

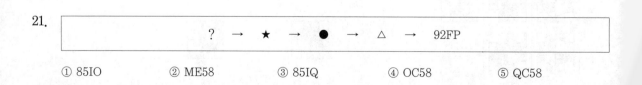

? → ★ → ● → △ → 92FP

① 85IO ② ME58 ③ 85IQ ④ OC58 ⑤ QC58

22. 다음 문단을 논리적 순서대로 알맞게 배열한 것을 고르시오.

(A) 효모는 자신이 필요한 에너지를 얻기 위해 포도당($C_6H_{12}O_6$)을 분해해야 하는데, 효모는 산소의 영향을 받기 때문에 산소를 어떻게 공급하느냐에 따라 발효의 결과로 술이 만들어질 수도 있고, 그렇지 않을 수도 있다.

(B) 포도당에 산소가 충분히 공급되면 효모는 포도당을 이산화탄소(CO_2)와 물(H_2O)로 완벽하게 분해한다. 따라서 이때는 포도즙에 효모를 넣어도 알코올 발효가 이루어지지 않는다. 반면에 포도즙과 효모를 밀폐된 통에 넣으면 효모가 포도당을 완벽하게 분해하지 못하고 이산화탄소(CO_2)와 알코올의 일종인 에탄올(C_2H_5OH)을 생성하게 되고 그 결과 술이 만들어지는 것이다.

(C) 인간이 술을 빚고 마시기 시작한 역사는 아주 오래되었다. 기록에 의하면 기원전 5000년 전 메소포타미아와 이집트에서도 포도주를 만들었다고 전해진다. 특히 그리스 신화에 따르면 술의 신 디오니소스가 포도주를 처음으로 발견하였을 뿐만 아니라 포도주 담그는 방법을 사람들에게 전파하였다고 한다.

(D) 하지만 애주가들이 고마워해야 할 대상은 술 빚는 법을 알려준 디오니소스가 아니라 미생물이다. 술을 제조하기 위해서는 미생물을 활용한 발효를 거쳐야만 하기 때문이다. 미생물이 유기물을 분해한 후에 인간에게 유익한 요소를 산출해내는 과정이 발효이며, 이때 알코올을 생성하는 대표적인 미생물 중 하나가 효모이다.

---

① (A) - (B) - (C) - (D)

② (A) - (B) - (D) - (C)

③ (C) - (A) - (B) - (D)

④ (C) - (B) - (D) - (A)

⑤ (C) - (D) - (A) - (B)

23. 다음 문단을 논리적 순서대로 알맞게 배열한 것을 고르시오.

> (A) 국제연합(UN)은 2011년 12월 UN총회에서 10월 11일을 '세계 소녀의 날'로 제정하고 이를 국제사회에 선포했다. 이들은 세계 곳곳의 소녀들이 각종 차별과 학대에 시달리고 있는 현실을 알리고, 소녀들의 권리를 보호할 것임을 밝혔다.
>
> (B) 유네스코에 따르면 전 세계 문맹 인구 중 3분의 2 이상이 여성이며, 몇몇 중동 국가에서는 여성의 교육권 자체를 박탈하는 경우도 있다. 또한, 매년 750만 명의 소녀가 '조기 혼인'이라는 위험한 풍습에 의해 조혼을 한다. 어린 소녀들은 각종 물리적 폭력과 성적 학대에 직면하게 되고, 임신을 하게 될 경우 신체적으로 미성숙한 소녀들은 난산을 겪게 되어 사망하는 경우도 적지 않다.
>
> (C) 이처럼 인권을 위협받는 소녀들을 위해 많은 NGO 단체들은 세계 소녀의 날에 다양한 기념행사를 진행하여 소녀들에 대한 국제적인 관심을 촉구한다. 세계 곳곳에서 콘서트와 사진전, 소녀들을 위한 멘토링 및 체험 프로그램 등 각종 오프라인 캠페인은 물론이고, SNS를 통한 해시태그 이벤트도 진행된다.
>
> (D) 특히 아프리카, 중동 등에 위치한 개발 도상국에서는 교육 기회의 박탈, 조기 혼인, 태아의 성별 감별에 따른 낙태, 할례 등 소녀들에 대한 차별이 자행되고 있다. 그중에서도 가장 대표적이고 빈번하게 일어나는 것이 교육 기회의 박탈과 조기 혼인이다.

① (A) − (B) − (C) − (D)

② (A) − (C) − (D) − (B)

③ (A) − (D) − (B) − (C)

④ (B) − (C) − (A) − (D)

⑤ (B) − (D) − (A) − (C)

24. 다음 진술이 모두 참이라고 할 때 반드시 <u>거짓</u>일 수밖에 없는 것을 고르시오.

가상화폐는 일반적으로 사용되는 지폐나 동전과 달리 물리적 형태 없이 온라인상에서만 거래되는 일종의 네트워크형 전자화폐이다. 대표적인 가상화폐로는 2009년에 나카모토 사토시라는 필명을 사용하는 정체불명의 프로그래머에 의해 개발된 비트코인(Bitcoin)이 있다. 비트코인을 얻기 위해서는 어려운 수학 문제를 풀어야 하는데 이 과정을 가리켜 채굴이라 부른다. 비트코인은 개발 당시부터 2,100만 개로 총량이 정해져 있었기 때문에 채굴을 하는 사람이 많아지면 많아질수록 비트코인을 얻기 어려워진다. 세계적으로 비트코인이 큰 인기를 얻으면서, 비트코인과 현금을 교환해주는 거래소는 물론 비트코인을 현금처럼 사용할 수 있는 상점도 늘고 있다. 우리나라의 경우 2013년에 처음 비트코인 거래소가 설립된 이후 다수의 거래소가 운영 중에 있으며, 일부 오프라인 상점에서는 비트코인으로 제품 및 서비스를 구입할 수 있다. 2014년 3월에는 비트코인을 현금으로 교환할 수 있는 자동입출금기(ATM)가 설치되기도 하였다. 이처럼 비트코인이 성공 가도를 달리게 되면서 세계 곳곳에서 다양한 가상화폐들이 등장하게 되었다. 그중 라이트코인(Litecoin)은 빠른 성장세를 보이며 비트코인의 자리를 위협하고 있는 가상화폐이다. 2011년 10월 구글 직원인 찰리 리가 개발한 라이트코인은 실생활에서 더 널리 쓰이도록 비트코인에 약간의 변화를 준 것으로, 총량이 약 8,500만 개로 한정되어 있다. 라이트코인 역시 비트코인과 마찬가지로 채굴을 통해 구할 수 있는데, 비트코인에 비해 문제 해결 방법이 복잡하지 않고 구매 속도가 빠르다는 것이 장점이다. 아직 라이트코인은 비트코인에 비해 시장 규모가 작은 편이지만, 빠른 통화량 증가 속도를 자랑하며 유망한 투자 대상으로 주목을 받고 있다.

① 비트코인과 달리 라이트코인은 개발자가 누군지 확실히 밝혀져 있다.

② 가상화폐는 투자 대상이 될 수 있으며, 현금으로 교환될 수도 있다.

③ 가상화폐는 개발된 국가와 상관없이 전 세계에서 채굴이 이루어질 수 있다.

④ 비트코인과 라이트코인은 개발 당시부터 화폐 발행량이 계획되어 있었다는 공통점이 있다.

⑤ 구매 속도 측면에서는 라이트코인보다 비트코인이 더 빠르다.

25. 다음 내용을 바탕으로 추론할 수 있는 것을 고르시오.

언젠가 유명 브랜드의 한정판 상품을 구매하기 위해 매장 앞에 길게 늘어선 사람들의 줄을 본 적이 있을 것이다. 매장에 물건을 드롭(Drop)하는 방식에서 착안한 '드롭 마케팅(Drop marketing)'은 특정 요일 혹은 시간대에 신제품이나 한정판 제품을 한시적으로 판매하는 마케팅 방식을 말한다. 드롭 마케팅은 특정한 시간대에만 구매할 수 있다는 소비자의 구매욕을 자극하는 방식인데, 사람들이 직접 제품을 판매하는 매장으로 찾아가야 한다는 점에서 시간적·체력적 소비가 클뿐더러 드롭 판매가 진행되는 매장에서 먼 지역에 거주하는 사람의 경우 오히려 불평등을 겪기도 하였다. 이에 최근에는 새로운 트렌드로 '래플 마케팅(Raffle marketing)'이 주목받고 있다. 추첨식 복권을 의미하는 래플에서 출발한 이 마케팅 방법은 응모에 참여한 소비자 중 당첨된 이에 한해 제품을 구매할 수 있도록 하는 방법을 말한다. 무작위 추첨 방식을 활용하기 때문에 아무리 돈이 많더라도 당첨되지 않았다면 제품을 구매할 수 없으므로 소비자는 희소성 있는 상품을 공정하게 구매할 수 있는 기회를 제공받는다. 특히 기업 입장에서는 래플 마케팅을 활용할 경우 희소하고 특별한 상품이라는 인식을 소비자에게 제공할 뿐만 아니라 래플 마케팅을 통해 화제성을 높임으로써 신규 고객을 유입하고 기존 고객의 충성심을 강화하는 효과를 얻을 수 있다.

① 래플 마케팅에서는 돈이 많은 사람이 상품을 얻을 확률이 높다.
② 래플 마케팅을 활용할 경우 신규 고객 유입은 물론 기존 고객의 충성심 증대도 기대할 수 있다.
③ 소비자에게 공정한 기회를 제공하고자 한다면 드롭 마케팅을 활용해야 한다.
④ 특정한 시간에 상품을 구매할 수 있도록 유도하는 마케팅은 래플 마케팅이다.
⑤ 드롭 마케팅을 선호하는 사람들은 제품을 구매하기 위해 매장 앞에서 줄을 서지 않을 것이다.

26. 다음 진술이 모두 참이라고 할 때 반드시 거짓일 수밖에 없는 것을 고르시오.

　　4월 23일은 유네스코가 정한 '세계 책과 저작권의 날'이다. 유네스코가 이날을 선택한 이유 중 하나는 4월 23일이 두 명의 작가와 관련 있는 날이기 때문이다. 그 두 명의 작가는 영국의 극작가 윌리엄 셰익스피어와 스페인의 소설가 미겔 데 세르반테스로, 이들은 모두 1616년 4월 23일에 타계했다. 동시대 다른 국가에서 제각기 명성을 떨치던 두 작가의 마지막 날이 우연히 같았던 셈이다. 두 작가의 공통점은 그뿐만이 아니다. 그들의 작품은 희극, 비극, 로맨스, 역사물 등 어느 하나의 명칭만으로 설명되지 않는 다채로운 면모를 지니고 있으며, 작품을 통해 미술, 음악 등 다른 예술 영역에도 영향을 미쳤다는 특징이 있다. 또한, 셰익스피어는 언어적 천재성을 바탕으로 라틴어 중심이었던 문학계에서 영문학을 개척했다는 평가를 받고 있으며, 세르반테스는 당시 중세의 봉건적 질서를 풍자하고 새로운 시대로의 변화를 시사했다는 점에서 최초의 근대 소설 작가로 평가받고 있다. 각기 받고 있는 평가의 내용은 다르지만 두 작가가 문학사에 한 획을 그은 대문호들이라는 점에는 누구도 반박할 수 없을 것이다. 한편 이들은 시대를 초월한 인간상을 만들어낸 장본인으로도 유명하다. 특히 셰익스피어는 평면적인 인물 일색이던 중세 연극 무대에 입체적인 인물상을 제시하였는데, 〈햄릿〉의 주인공 햄릿 왕자는 결정적 순간에 결정을 내리지 못하는 우유부단함의 전형을, 〈베니스의 상인〉에 등장하는 샤일록은 탐욕의 표상이 되었다. 세르반테스 역시 그의 작품 〈돈키호테〉를 통해 색다른 인간상을 보여주었다. 앞선 햄릿 왕자와 정반대의 인물상으로 거론되기도 하는 돈키호테는 꿈과 이상을 위해 무조건 전진하는 무모하지만 실력력 있는 인물을 대표하고 있으며, 늘 돈키호테를 따르는 그의 하인 산초는 이상과 현실 간의 괴리 속에서 끊임없이 발전하는 주체적인 인물의 전형을 보여준다.

① 언어적 천재성을 기반으로 문학계에서 영문학을 개척했다는 평가를 받는 사람은 셰익스피어이다.

② 세르반테스의 〈돈키호테〉에서 산초는 꿈과 이상을 위해 무조건 전진하는 실천력 있는 인물을 대표한다.

③ 중세 연극 무대에서 햄릿 왕자는 우유부단함의 전형을 드러내는 인물상으로 여겨졌다.

④ 셰익스피어와 세르반테스는 문학 영역을 넘어 미술, 음악과 같은 다른 분야에도 영향을 미쳤다.

⑤ 세계 책과 저작권의 날은 셰익스피어와 세르반테스가 타계한 날로 지정되어 있다.

27. 다음 글을 바탕으로 추론할 수 있는 것을 고르시오.

자이로스코프란 위아래가 완전히 대칭인 팽이를 고리를 이용하여 팽이 축에 직각인 방향으로 만들고 다시 그 것을 제2의 고리를 써서 앞의 것과 직각 방향으로 받든 후에, 다시 제3의 고리에 의하여 앞의 둘에 직각이 되는 방향으로 지탱하여 줌으로써 팽이의 회전이 어떠한 방향으로도 일어날 수 있도록 한 장치를 말한다. 자이로스코프의 작동 원리는 각운동량 원리에 있는데, 모든 방향으로 회전할 수 있는 바퀴가 회전할 경우 기계의 방향에 변화가 생기더라도 회전축 자체는 일정하게 유지된다는 것을 기반으로 한다. 만약 회전축이 중력과 다르다면 돌림힘이 작용되며, 그 경우 자이로스코프는 세차운동을 하게 된다. 여기서 세차운동은 물체의 회전축이 회전을 하는 운동으로써 세차운동을 하는 자이로스코프의 축이 회전하는 방향은 본래 회전하고자 하는 방향의 반대 방향이 되므로 자전축이 이루는 궤적은 원뿔형을 띠게 된다. 이에 따라 자전축이 연직 상태라면 세차운동이 나타나지 않기 때문에 수평을 확인하고자 할 때 자이로스코프를 활용하기도 한다. 이외에도 자이로스코프를 통해 지구의 자전을 실험적으로 증명할 수 있고, 로켓 관성유도장치의 자이로스코프, 나침반에 이 원리를 응용한 자이로컴퍼스, 선박의 안전장치로서의 자이로안정기 등 다양한 범위에서 이용되기도 한다.

① 자이로스코프에서 세차운동이 확인되지 않는다면 수평 상태임을 알 수 있다.
② 자이로스코프는 특정 방향으로만 회전을 할 수 있는 기계이다.
③ 세차운동을 하는 자이로스코프의 자전축이 이루는 궤적은 원뿔 모양이다.
④ 위아래가 대칭인 팽이로는 자이로스코프를 만들 수 없다.
⑤ 자이로스코프는 활용 분야가 국한되어 있어 지구의 자전 현상을 증명할 때는 활용되어서는 안 된다.

28. 다음 주장에 대한 반박으로 가장 타당한 것을 고르시오.

제조업체가 기획 및 생산한 후 자사의 브랜드를 붙이는 NB(National Brand) 상품과 대응되는 용어로 PB(Private Brand) 상품이 있다. 이는 유통업체가 기획하고, 제조업체가 생산한 제품에 유통업체의 브랜드를 붙인 상품을 말한다. 최근 불황이 장기화되면서 합리적인 가격의 PB 상품이 소비자로부터 호평을 얻고 있다. 중간 유통 과정이 축소되고, 별도의 브랜드 마케팅에 드는 비용이 줄어듦에 따라 낮아진 생산단가가 저렴한 소비자가격으로 이어지는 것이다. 사실 과거에 PB 상품은 종류가 다양하지 않고, 저렴한 가격만 부각되어 품질이 좋지 않다는 인식이 있었다. 그러나 2000년대에 들어 대형 마트, 편의점 등이 차별화 전략으로 PB 상품 개발에 주력하면서 PB 상품은 맛과 건강을 모두 고려한 식품, 디자인과 기능성을 모두 고려한 속옷 등과 같이 가격 대비 성능 및 품질이 좋은 상품으로서 소비자에게 제공되기 시작하였고, 결국 하나의 소비문화를 이끌며 괄목할 만한 성장을 할 수 있었다. 문제는 급증하는 PB 상품에 대한 몇 가지 우려이다. 우선, 대부분의 PB 상품이 기존의 인기 상품을 베끼기에 그친 미투(Me too) 상품이라는 사실은 이미 잘 알려져 있다. PB 상품을 기획하는 유통업체의 경우 소비자에게 가장 직접적인 혜택을 주려 하다 보니 기존 베스트셀러를 고려할 수밖에 없다는 입장이지만, 경우에 따라서는 제조업체의 아이디어를 도용한 수준의 PB 상품이 출시되기도 한다. 하지만 제조업체는 그 사실을 알면서도 섣불리 유통업체에 문제를 제기하지 못한다. 유통업체를 통해 PB 상품뿐만 아니라 NB 상품을 판매하는 입장에서 유통업체와 결코 척질 수 없기 때문이다. 비슷한 맥락에서 PB 상품은 유통업체가 중소 제조업체를 종속시키는 수단이 되기도 한다. 실제로 한 대학교 연구팀에 따르면, 제조업체 약 55곳 중 약 35%에 해당하는 업체가 PB 상품을 저가 납품하라는 압박을 받은 것으로 나타났다. 이는 PB 상품이 유통업체와 제조업체의 상생 효과를 내기보다는 제조업체의 존립 기반 자체를 약화시킬 수 있음을 시사하기도 한다. 따라서 제조업체의 존립 기반을 무너뜨리지 않기 위해서는 PB 상품의 무분별한 출시를 제한하여 NB 상품의 출시를 활성화할 필요가 있다.

① PB 상품을 너도나도 만들 경우 소비자의 선택권은 확대될 수 있지만 NB 상품을 출시하는 제조업체의 경우 PB 상품으로 인해 존립이 위태로워질 수 있다.

② PB 상품의 이점을 고려하면 상품 출시를 제한할 경우 기업의 자율성과 소비자의 결정권에 악영향을 미칠 수 있다.

③ PB 상품 판매율은 NB 상품 판매율에도 영향을 주므로 제조업체는 PB 상품 출시에 힘써야 한다.

④ PB 상품은 유통업체와 중소 제조업체가 상생할 수 있는 방안으로서 자리하게 될 것이다.

⑤ PB 상품과 NB 상품이 지속적으로 소비자로부터 사랑받기 위해서는 저렴한 소비자가격을 유지해야 한다.

29. 다음 글을 바탕으로 아래 〈보기〉를 이해한 내용으로 적절한 것을 고르시오.

과거에는 존재하지 않았던 새로운 기기나 현상들이 나타나면, 그것들을 가리키는 용어 역시 새롭게 생겨난다. 대표적으로 '팝콘 브레인'이라는 신조어가 있다. 팝콘 브레인은 스마트폰이나 컴퓨터 사용이 빈번해지면서 강렬한 자극에 익숙해진 우리의 뇌가 마치 팝콘이 터지는 것과 같이 자극적인 것에만 반응하고 그렇지 않은 평범하고 일상적인 자극에는 무감각해지는 상태를 가리킨다. 팝콘 브레인은 강렬한 자극에 대한 일종의 정신적 중독의 시작이라고 할 수 있다. 과거에는 알코올, 도박, 마약 등 특수한 물질이나 행동을 통해서만 정신적 중독이 생기는 것으로 생각했는데, 최근에는 일상적으로 사용하는 스마트폰이나 컴퓨터도 중독물질이 될 수 있다는 주장이 점차 설득력을 얻고 있다. 팝콘 브레인처럼 전자기기를 통해 생기는 중독은 아동과 청소년에게 더 치명적이다. 뇌가 완전히 발달하지 않은 상태에서 뇌의 한 부분에 지속적으로 자극이 가해지면 뇌 구조가 변형될 수 있기 때문인데, 팝콘 브레인 증상이 심해지면 치료가 어려우므로 증상이 나타나기 전에 예방하는 것이 중요하다.

─── 〈보기〉 ───

미래창조과학부와 한국정보화진흥원이 스마트폰 이용자 1만 5천여 명을 대상으로 스마트폰 중독 정도를 조사한 결과, 전체 조사 대상 중 스마트폰 중독 위험군은 11.8%인 것에 비해 10대 청소년의 경우 25.5%가 스마트폰 중독 위험군으로 나타났다. 이는 우리나라 청소년 4명 중 1명은 스마트폰으로 인한 금단 증세나 내성 현상을 보이며 일상생활에 장애를 겪고 있음을 의미한다.

① 팝콘 브레인 증상은 일시적인 증상임에 따라 청소년기에 관련 증상을 겪더라도 성장하면서 자연스럽게 치료가 될 것이다.

② 인간의 뇌가 뇌가 강렬한 자극에 장기간 노출되면 팝콘 브레인 상태가 될 수 있다.

③ 팝콘 브레인 현상은 약물로 치료될 수 있는 증상이므로 청소년들에게 전자기기 이용에 대한 제재를 행하는 것은 옳지 않다.

④ 우리나라 청소년 중 스마트폰으로 인한 금단 증상이 나타난 사람은 치료되기 어려운 팝콘 브레인 상태일 가능성이 높다.

⑤ 전자기기로 발병된 팝콘 브레인은 도박이나 마약으로 인해 유발된 팝콘 브레인보다 증상이 약하다.

30. 다음 글을 바탕으로 아래 〈보기〉를 이해한 내용으로 적절하지 <u>않은</u> 것을 고르시오.

> 자동차 회사 혼다는 매년 가장 크게 실패한 직원을 선정하여 '올해의 실패상'을 수여한다. 공개적으로 실패를 조롱하려는 의도일까? 흔히 전쟁터에 비유되는 경영 환경에서 실패란 부정적인 것으로 여겨져 왔다. 실패는 곧 조직에 막대한 손실을 입히는 것으로 간주되었고, 실패의 장본인은 좌절감과 책임 추궁을 피할 수 없었다. 이런 기존의 관점으로는 실패상의 의미를 쉽게 이해하기 어렵다. 그러나 혼다뿐만 아니라 '이달의 창의적 실수상'을 시상하는 BMW나 실패한 직원들을 위해 '실패 파티'를 여는 3M의 사례를 보면, 실패에 대한 기업들의 인식이 변화하고 있다는 것을 알 수 있다. 이제 기업은 실패의 사전적인 의미에서 벗어나, 실패를 성공의 필수 조건으로 재해석하고 있는 것이다. 기업 내에서 실패 사례가 발생했을 때, 작은 실패라고 간과하거나 큰 실패라고 무조건 책임자를 처벌하기보다는 실패의 원인을 분석하고 그것을 업무와 신제품 개발에 어떻게 응용할 수 있을지 함께 모색하는 기업 문화가 형성되어야 한다.

〈보기〉

> 전통 화투 생산 기업으로 출발한 일본의 닌텐도는 과거에 숙박, 제과, 택시 등 다양한 시장에 도전했지만, 무분별한 사업 확장으로 쓰라린 패배를 경험했다. 그러다 1980년대에 들어 게임기 시장에만 집중하는 전략으로 전환하며 큰 성공을 거두자, 이후에도 신사업에 진출하기보다 자사가 익숙한 분야로 사업 영역을 한정했다. 그 결과 스마트폰 게임 시장의 성장에 대응하지 못한 닌텐도는 2011년에 상장 이후 첫 적자를 기록하기에 이르렀다. 휴대용 음향기기의 대명사인 워크맨으로 시장을 선도했던 소니 역시 물리적 미디어 중심이라는 기존 사업 영역에 집중하여 MD 플레이어를 출시했지만, 결국 메모리 기반의 MP3 플레이어에 밀려 참패하고 말았다. 한편 듀폰이 1938년에 개발한 세계 최초의 합성섬유인 나일론은 사실 그보다 훨씬 전인 1930년에 발견되었다고 한다. 하지만 당시에는 이를 업무상 실수로 간주하여 10년 가까이 방치했고, 이 때문에 본격적인 나일론 개발은 늦어지게 되었다. 이는 3M의 포스트잇 탄생 과정과 다소 대비되는 모습이다. 1970년대 3M의 한 연구원은 강력 접착제를 개발하려다가 실수로 접착력이 약하고 끈적거리지도 않는 이상한 접착제를 만들었다. 그는 이것을 숨기지 않고 사내 기술 세미나에 보고했고, 당시 붙였다 뗐다 할 수 있는 메모지에 관한 아이디어를 갖고 있던 또 다른 직원이 이 접착제를 이용해 포스트잇을 만들어낼 수 있었다.

① 만약 듀폰이 작은 실패를 간과하지 않고 또 다른 기회로 삼을 줄 알았다면 혁신적인 제품의 개발은 더욱 앞당겨졌을 것이다.

② 닌텐도는 과거의 실패 경험으로 인해 일반적인 인식과 다른 실패의 새로운 의미를 찾아낼 수 있었다.

③ 3M이 실패에 따르는 막대한 손실만을 고려하는 기업이었다면 포스트잇은 개발되지 않았을 수도 있다.

④ 소니와 닌텐도는 모두 과거의 성공에 안주하려는 전략을 취했기 때문에 경쟁력을 잃게 되었다.

⑤ 1970년대에 이미 3M은 조직 내에서 발생한 실패 경험을 공유하고 이를 통해 창조적인 결과를 만드는 기업 분위기가 형성되어 있었다.

약점 보완 해설집 p.36

무료 바로 채점 및 성적 분석 서비스 바로 가기
QR코드를 이용해 모바일로 간편하게 채점하고 나의 실력이 어느 정도인지, 취약 부분이 어디인지 바로 파악해 보세요!

"모든 준비가 끝났습니다. PRIDE In SAMSUNG!"

성명: 수험번호:

①

정답

②

정답

③

정답

④

정답

수리논리

⑤

정답

성명:　　　　　　　　　　　　수험번호:

⑥

정답

⑦

정답

⑧

정답

⑨

정답

⑩

정답

성명:

수험번호:

⑪

정답

⑫

정답

⑬

정답

⑭

수리논리

정답

⑮

정답

성명: 수험번호:

⑯

정답

⑰

정답

⑱

정답

⑲

정답

⑳

정답

성명: 수험번호:

①

정답

②

정답

③

정답

④

정답

⑤

정답

⑥

정답

⑦

정답

⑧

정답

추리

성명: 수험번호:

⑨

정답

⑩

정답

⑪

정답

⑫

정답

⑬

정답

⑭

정답

⑮

정답

⑯

정답

추리

성명: 수험번호:

⑰

정답

⑱

정답

⑲

정답

⑳

정답

㉑

정답

㉒

정답

㉓

정답

㉔

정답

성명:　　　　　　　　　　수험번호:

㉕

정답

㉖

정답

㉗

정답

㉘

정답

㉙

정답

㉚

정답

해커스
GSAT
삼성직무적성검사
FINAL 봉투모의고사

약점 보완 해설집

해커스잡

정답

수리논리

01 응용계산	02 응용계산	03 자료해석	04 자료해석	05 자료해석	06 자료해석	07 자료해석	08 자료해석	09 자료해석	10 자료해석
②	②	⑤	③	④	①	④	④	②	②

11 자료해석	12 자료해석	13 자료해석	14 자료해석	15 자료해석	16 자료해석	17 자료해석	18 자료해석	19 자료해석	20 자료해석
②	②	③	⑤	④	②	⑤	①	①	③

추리

01 언어추리	02 언어추리	03 언어추리	04 언어추리	05 언어추리	06 언어추리	07 언어추리	08 언어추리	09 언어추리	10 언어추리
④	⑤	⑤	⑤	②	③	①	⑤	①	⑤

11 언어추리	12 언어추리	13 언어추리	14 언어추리	15 도형추리	16 도형추리	17 도형추리	18 도식추리	19 도식추리	20 도식추리
③	③	⑤	④	①	②	④	⑤	③	①

21 도식추리	22 문단배열	23 문단배열	24 논리추론	25 논리추론	26 논리추론	27 논리추론	28 논리추론	29 논리추론	30 논리추론
②	②	②	④	②	②	⑤	③	④	③

취약 유형 분석표

유형별로 맞힌 개수, 틀린 문제 번호와 풀지 못한 문제 번호를 적고 나서 취약한 유형이 무엇인지 파악해 보세요.
취약한 유형은, 틀린 문제 및 풀지 못한 문제를 다시 풀어보면서 확실히 극복하세요.

수리논리

유형	맞힌 개수	틀린 문제 번호	풀지 못한 문제 번호
응용계산	/2		
자료해석	/18		
TOTAL	**/20**		

추리

유형	맞힌 개수	틀린 문제 번호	풀지 못한 문제 번호
언어추리	/14		
도형추리	/3		
도식추리	/4		
문단배열	/2		
논리추론	/7		
TOTAL	**/30**		

합계

영역	제한 시간 내에 푼 문제 수	정답률
수리논리	/20	%
추리	/30	%
TOTAL	**/50**	**%**

해설

01 응용계산   정답 ②

기획팀의 작년 직원 수를 x라고 하면
올해 기획팀과 영업팀의 전체 직원 수는 1,500명이고, 올해 기획팀과 영업팀의 전체 직원 수는 전년 대비 300명 증가했으므로 작년 기획팀과 영업팀의 전체 직원 수는 1,500 - 300 = 1,200명이다. 이에 따라 영업팀의 작년 직원 수는 $1,200 - x$이다. 이때 올해 기획팀의 직원 수는 전년 대비 20% 감소, 영업팀의 직원 수는 전년 대비 40% 증가했으므로
$0.8x + 1.4 \times (1,200 - x) = 1,500 \rightarrow 0.8x - 1.4x + 1,680 = 1,500$
$\rightarrow 0.6x = 180 \rightarrow x = 300$
따라서 기획팀의 작년 직원 수는 300명이다.

02 응용계산   정답 ②

서로 다른 n개를 줄 세우는 경우의 수 n! = n × (n - 1) × (n - 2) × … × 2 × 1임을 적용하여 구한다.
6명이 PCR 검사를 받기 위해 일렬로 서 있으며, 정이 맨 뒤에 서 있으므로 5명의 자리만 고려하면 된다. 이때 갑은 무와, 을은 기와 서로 인접하게 서 있으므로 갑과 무, 을과 기를 각각 한 사람으로 생각하고 배열한 후, 각각 2명의 자리를 바꾸는 경우의 수까지 고려하면 된다.
따라서 정이 맨 뒤에 서 있을 때, 갑은 무와, 을은 기와 서로 인접하게 서 있는 경우의 수는 3! × 2 × 2 = 24가지이다.

03 자료해석   정답 ⑤

2020년 인터넷 이용자 수의 2년 전 대비 변화량은 충청도가 (1,530 - 1,430) + (2,000 - 1,950) = 150천 명, 전라도가 (1,610 - 1,550) + (1,500 - 1,500) = 60천 명으로 충청도가 전라도보다 크므로 옳은 설명이다.

오답 체크

① 2020년 충청도의 인터넷 이용자 수는 전년 대비 (1,520 + 2,050) - (1,530 + 2,000) = 3,570 - 3,530 = 40천 명 감소하였으므로 옳지 않은 설명이다.
② 2019년 전라도의 인터넷 이용자 수에서 전남이 차지하는 비중은 {1,460 / (1,460 + 1,550)} × 100 ≒ 49.3%로 2019년 경상도의 인터넷 이용자 수에서 경북이 차지하는 비중인 {2,460 / (2,460 + 2,900)} × 100 ≒ 45.9%보다 크므로 옳지 않은 설명이다.

③ 경상도의 인터넷 이용자 수는 2018년에 2,420 + 2,980 = 5,400천 명, 2019년에 2,460 + 2,900 = 5,360천 명으로 2019년에 전년 대비 감소하였으므로 옳지 않은 설명이다.
④ 충청도의 인터넷 이용자 수에서 충북이 차지하는 비중은 2019년에 {1,520 / (1,520 + 2,050)} × 100 ≒ 42.6%, 2020년에 {1,530 / (1,530 + 2,000)} × 100 ≒ 43.3%로 2020년에 전년 대비 증가하였으므로 옳지 않은 설명이다.

> ⏱ **빠른 문제 풀이 Tip**
> ④ 인터넷 이용자 수의 전년 대비 증감 추이를 비교한다.
> 2020년 충청도의 인터넷 이용자 수는 전년 대비 감소하였고, 2020년 충북의 인터넷 이용자 수는 전년 대비 증가하였으므로 2020년 충청도의 인터넷 이용자 수에서 충북이 차지하는 비중은 전년 대비 증가하였음을 알 수 있다.

04 자료해석   정답 ③

2023년 전체 대출 금액은 12월 누적 대출 금액인 4,000천만 원이고, 2023년 하반기 대출 금액은 12월 누적 대출 금액에서 6월 누적 대출 금액을 뺀 4,000 - 2,080 = 1,920천만 원이다.
따라서 2023년 전체 대출 금액에서 하반기 대출 금액이 차지하는 비중은 (1,920 / 4,000) × 100 = 48%이다.

05 자료해석   정답 ④

호텔 1개당 객실 수는 2022년에 56,000 / 480 ≒ 117개, 2023년에 58,000 / 520 ≒ 112개로 2023년이 2022년보다 적으므로 옳지 않은 설명이다.

오답 체크

① 호텔 1개당 매출액은 2019년에 15,000 / 300 = 50억 원, 2020년에 18,750 / 350 ≒ 54억 원으로 2020년이 2019년보다 크므로 옳은 설명이다.
② 호텔업 종사자 수의 전년 대비 증가율은 2020년에 {(10,800 - 9,000) / 9,000} × 100 = 20%, 2023년에 {(10,500 - 9,072) / 9,072} × 100 ≒ 15.7%로 2020년이 2023년보다 높으므로 옳은 설명이다.
③ 제시된 기간 동안 호텔업 매출액이 가장 큰 2021년에 호텔업 종사자 수도 가장 많으므로 옳은 설명이다.
⑤ 객실 수의 전년 대비 증가율은 2020년에 {(45,000 - 42,000) / 42,000} × 100 ≒ 7.1%, 2021년에 {(48,000 - 45,000) / 45,000} × 100 ≒ 6.7%, 2022년에 {(56,000 - 48,000) / 48,000} × 100 ≒ 16.7%, 2023년에 {(58,000 - 56,000) / 56,000} × 100 ≒ 3.6%로 2022년에 가장 높으므로 옳은 설명이다.

⏱ **빠른 문제 풀이 Tip**

⑤ 학교급별 학생 수와 비만율을 비교한다.

초등학교, 중학교, 고등학교 남자 학생 중 학생 수가 가장 많은 학교급은 200천 명인 초등학교이고, 비만율이 가장 낮은 학교급도 18.0%인 초등학교이므로 비만이 아닌 남자 학생 수가 가장 많은 학교급은 초등학교임을 알 수 있다.

06 자료해석   정답 ①

제시된 기간 동안 조기 퇴직자 수가 가장 적은 2015년에 정년 퇴직자 수의 전년 대비 증가율은 $\{(100 - 90) / 90\} \times 100 ≒ 11.1\%$이므로 옳지 않은 설명이다.

오답 체크

② 2015년 이후 정년 퇴직자 수가 전년 대비 증가한 2015~2020년 중 정년 퇴직자 수의 전년 대비 증가 인원이 가장 적은 해는 $200 - 195 = 5$백 명 증가한 2019년이므로 옳은 설명이다.

③ 조기 퇴직자 수의 전년 대비 증가율은 2017년에 $\{(273 - 195) / 195\} \times 100 = 40\%$, 2019년에 $\{(299 - 230) / 230\} \times 100 = 30\%$로 2019년이 2017년보다 낮으므로 옳은 설명이다.

④ 정년 퇴직자 수 대비 조기 퇴직자 수의 비율은 2014년에 $135 / 90 = 1.5$, 2020년에 $284 / 220 ≒ 1.3$으로 2014년이 2020년보다 크므로 옳은 설명이다.

⑤ 2015년 이후 정년 퇴직자 수와 조기 퇴직자 수의 전년 대비 증감 추이가 서로 다른 해는 2015년, 2018년, 2020년, 2021년으로 총 4개 연도이므로 옳은 설명이다.

07 자료해석   정답 ④

고도 비만인 여자 학생 수는 중학교가 $180 \times 0.05 = 9$천 명, 초등학교가 $250 \times 0.016 = 4$천 명으로 중학교가 초등학교보다 $9 - 4 = 5$천 명 더 많으므로 옳은 설명이다.

오답 체크

① 중학교 학생 중 비만인 학생 수는 여자가 $180 \times 0.15 = 27$천 명, 남자가 $160 \times 0.25 = 40$천 명으로 여자가 남자보다 $40 - 27 = 13$천 명 더 적으므로 옳지 않은 설명이다.

② 초등학교 학생 중 경도 비만인 학생 수는 총 $(250 \times 0.084) + (200 \times 0.09) = 21 + 18 = 39$천 명이므로 옳지 않은 설명이다.

08 자료해석   정답 ④

리콜 자동차 1종당 평균 리콜 자동차 대수는 2016년에 $8,750 / 25 = 350$대, 2017년에 $10,500 / 30 = 350$대, 2018년에 $8,400 / 32 ≒ 263$대, 2019년에 $9,660 / 34 ≒ 284$대, 2020년에 $14,490 / 45 = 322$대, 2021년에 $18,837 / 53 ≒ 355$대이므로 리콜 자동차 1종당 평균 리콜 자동차 대수가 가장 많은 해는 2021년이다.

따라서 2021년 리콜 자동차 대수의 전년 대비 증감률은 $\{(18,837 - 14,490) / 14,490\} \times 100 = 30\%$이다.

09 자료해석   정답 ②

b. 제시된 5개 지점 계약 건수의 평균인 $(150 + 80 + 235 + 100 + 115) / 5 = 136$건보다 계약 건수가 많은 지점은 A 지점, C 지점 총 2곳이므로 옳지 않은 설명이다.

오답 체크

a. 직원 1명당 계약 건수는 A 지점이 $150 / 15 = 10$건, B 지점이 $80 / 4 = 20$건, C 지점이 $235 / 10 = 23.5$건, D 지점이 $100 / 5 = 20$건, E 지점이 $115 / 7 ≒ 16$건으로 가장 적은 지점은 A 지점이므로 옳은 설명이다.

c. 목표 계약 건수 달성률은 A 지점이 $(150 / 240) \times 100 = 62.5\%$, B 지점이 $(80 / 125) \times 100 = 64\%$, C 지점이 $(235 / 250) \times 100 = 94\%$, D 지점이 $(100 / 120) \times 100 ≒ 83\%$, E 지점이 $(115 / 125) \times 100 = 92\%$로 가장 높은 지점은 C 지점이므로 옳은 설명이다.

[10-11]
10 자료해석
정답 ②

3월 수도권 아파트 매매 실거래 평균가격의 1월 대비 감소율은 $\{(690-620)/690\}\times100\fallingdotseq10.1\%$이므로 옳지 않은 설명이다.

오답 체크

① 1월 A 지역의 아파트 매매 실거래 평균가격은 전국 아파트 매매 실거래 평균가격의 $1,340/490\fallingdotseq2.73$배, 2월에 $1,310/460\fallingdotseq2.85$배, 3월에 $1,280/430\fallingdotseq2.98$배이므로 옳은 설명이다.

③ 2월 아파트 매매 실거래 평균가격이 500만 원/m² 이상인 A, D, E 지역은 모두 3월 아파트 매매 실거래 평균가격도 500만 원/m² 이상이므로 옳은 설명이다.

④ 1월 수도권의 아파트 매매 실거래 평균가격은 지방의 아파트 매매 실거래 평균가격의 $690/285\fallingdotseq2.4$배, 2월에 $650/290\fallingdotseq2.2$배, 3월에 $620/280\fallingdotseq2.2$배이므로 옳은 설명이다.

⑤ 3월 아파트 매매 실거래 평균가격이 G 지역의 아파트 매매 실거래 평균가격인 400만 원/m²보다 낮은 지역은 B, C, F 지역으로 총 3곳이므로 옳은 설명이다.

11 자료해석
정답 ②

3월 아파트 매매 실거래 평균가격이 1월 대비 증가한 지역은 B, C, D, F, G 지역이고, 3월 아파트 매매 실거래 평균가격의 1월 대비 증가율은 B 지역이 $\{(390-380)/380\}\times100\fallingdotseq2.6\%$, C 지역이 $\{(385-360)/360\}\times100\fallingdotseq6.9\%$, D 지역이 $\{(650-620)/620\}\times100\fallingdotseq4.8\%$, F 지역이 $\{(202-200)/200\}\times100=1\%$, G 지역이 $\{(400-390)/390\}\times100\fallingdotseq2.6\%$이다.

따라서 A~G 지역 중 3월 아파트 매매 실거래 평균가격의 1월 대비 증가율이 가장 큰 지역은 C 지역이다.

[12-13]
12 자료해석
정답 ②

2019년 Z 국 총인구수에서 B 지역의 인구수가 차지하는 비중은 $(2,430/51,800)\times100\fallingdotseq4.7\%$로 5% 미만이므로 옳지 않은 설명이다.

오답 체크

① 2018년 주택 수의 2016년 대비 증가량은 A 지역이 3,680-3,640=40천 호, D 지역이 480-460=20천 호로 A 지역이 D 지역의 40/20=2배이므로 옳은 설명이다.

③ 제시된 지역 중 2017년 인구수의 전년 대비 변화량이 가장 큰 지역은 2017년 인구수가 전년 대비 9,810-9,740=70천 명 감소한 A 지역이므로 옳은 설명이다.

④ 제시된 지역 중 2019년 인구수가 다른 지역에 비해 두 번째로 적은 지역은 C 지역이고, 2019년 주택 수가 다른 지역에 비해 두 번째로 적은 지역도 C 지역이므로 옳은 설명이다.

⑤ Z 국 총주택 수가 처음으로 20,000천 호를 넘은 2017년에 Z 국 총주택 수의 전년 대비 증가량은 20,303-19,968=335천 호이므로 옳은 설명이다.

13 자료해석
정답 ③

B 지역 주택 수의 전년 대비 증가량은 2017년에 990-970=20천 호, 2018년에 1,060-990=70천 호, 2019년에 1,110-1,060=50천 호로 2018년에 가장 많고, 2018년 Z 국 총인구수는 51,600천 명, Z 국 총주택 수는 20,640천 호=20,640,000호이다.

따라서 2018년 Z 국 총인구 천 명당 총주택 수는 20,640,000/51,600=400호이다.

[14-15]
14 자료해석
정답 ⑤

b. 제시된 선박 중 2020년 대비 2023년 매출액의 감소율이 가장 큰 선박은 $\{(20-15)/20\}\times100=25\%$ 감소한 B 선박이므로 옳은 설명이다.

c. 제시된 선박 중 2020년 대비 2023년 수주 실적의 증가율이 가장 큰 선박은 $\{(1,520-800)/800\}\times100=90\%$ 증가한 D 선박이므로 옳은 설명이다.

오답 체크

a. 제시된 선박의 수주 실적 합계에서 A 선박의 수주 실적이 차지하는 비중은 2021년에 $(5,200/16,860)\times100\fallingdotseq30.8\%$, 2022년에 $(5,100/17,800)\times100\fallingdotseq28.7\%$, 2023년에 $(5,140/17,750)\times100\fallingdotseq29.0\%$로 2023년에 전년 대비 증가하였으므로 옳지 않은 설명이다.

> ⏱ **빠른 문제 풀이 Tip**
>
> a. 수주 실적 합계와 A 선박의 수주 실적의 전년 대비 증감 추이를 비교한다.
> 2023년 수주 실적 합계는 전년 대비 감소하였지만, A 선박의 수주 실적은 전년 대비 증가하였으므로 2023년 A~G 선박의 수주 실적 합계에서 A 선박의 수주 실적이 차지하는 비중은 전년 대비 증가하였음을 알 수 있다.

15 자료해석　　　　　　　　　　정답 ④

2023년 G 선박 수주 실적 대비 F 선박 수주 실적의 비율은 700 / 8,400 ≒ 0.08로 2020년 G 선박 수주 실적 대비 F 선박 수주 실적의 비율인 500 / 8,200 ≒ 0.06 대비 증가하였으므로 옳지 않은 설명이다.

오답 체크

① 제시된 기간 동안 선박별 수주 실적과 매출액의 전년 대비 증감 추이가 매년 서로 반대되는 선박은 A 선박과 G 선박으로 총 2개이므로 옳은 설명이다.

② 2021년 A 선박과 G 선박의 매출액 차이는 220 − 150 = 70억 원이므로 옳은 설명이다.

③ 제시된 기간 중 D 선박의 수주 실적이 다른 해에 비해 가장 큰 2022년에 D 선박 매출액의 전년 대비 감소율은 {(30 − 20) / 30} × 100 ≒ 33.3%로 30% 이상이므로 옳은 설명이다.

⑤ 제시된 선박 중 2020~2023년 매출액의 합은 E 선박이 4 + 10 + 6 + 6 = 26억 원으로 가장 작고, F 선박이 7 + 8 + 10 + 10 = 35억 원으로 두 번째로 작으므로 옳은 설명이다.

[16-17]
16 자료해석　　　　　　　　　　정답 ②

a. 지사별 2023년 전체 재직자 수의 2년 전 대비 증가율이 가장 높은 지사는 2023년 전체 재직자 수의 2021년 대비 증가율이 {(25 − 10) / 10} × 100 = 150%인 H 지사이므로 옳은 설명이다.

d. 2023년 여자 재직자 수의 전년 대비 증가율은 A 지사가 {(210 − 170) / 170} × 100 ≒ 24%, D 지사가 {(60 − 45) / 45} × 100 ≒ 33%로 A 지사가 D 지사보다 낮으므로 옳은 설명이다.

오답 체크

b. 제시된 기간 동안 남자 재직자 수가 매년 여자 재직자 수보다 많은 지사는 G 지사, I 지사이므로 옳지 않은 설명이다.

c. 2022년 B 지사의 전체 재직자 수에서 남자 재직자 수가 차지하는 비중은 (40 / 85) × 100 ≒ 47%이므로 옳지 않은 설명이다.

> **⏱ 빠른 문제 풀이 Tip**
> a. 2023년 전체 재직자 수가 2021년 대비 증가한 C, D, F, H 지사 중 2023년 전체 재직자 수의 2021년 대비 증가율이 가장 높은 지사는 유일하게 증가율이 100%를 초과한 H 지사임을 알 수 있다.

17 자료해석　　　　　　　　　　정답 ⑤

2022년 이후 남자 재직자 수가 매년 전년 대비 감소한 지사는 G 지사 1개뿐이므로 옳지 않은 설명이다.

오답 체크

① 제시된 기간 동안 G 지사 전체 재직자 수의 평균은 (200 + 220 + 150) / 3 = 190명이므로 옳은 설명이다.

② 2022년 Z 기업의 총 재직자 수는 360 + 85 + 40 + 100 + 35 + 20 + 220 + 15 + 600 = 1,475명이므로 옳은 설명이다.

③ B 지사 총 재직자 수 대비 I 지사 총 재직자 수의 비율은 2021년에 550 / 60 ≒ 9.2, 2022년에 600 / 85 ≒ 7.1, 2023년에 500 / 50 = 10.0으로 매년 7.0 이상이므로 옳은 설명이다.

④ 2023년 전체 재직자 수에서 여자 재직자 수가 차지하는 비중은 F 지사가 (35 / 50) × 100 = 70%로 가장 크므로 옳은 설명이다.

18 자료해석　　　　　　　　　　정답 ①

기존 고객 수 = 2a × 신규 고객 수 + b × 신규 고객 수^{2}임을 적용하여 구한다.

A 팀의 신규 고객 수는 10명, 기존 고객 수는 600명이므로
600 = 2a × 10 + b × 10^2 → 20a + 100b = 600　　　… ⓐ

B 팀의 신규 고객 수는 25명, 기존 고객 수는 3,000명이므로
3,000 = 2a × 25 + b × 25^2 → 50a + 625b = 3,000　　… ⓑ

ⓑ − 2.5 × ⓐ에서 375b = 1,500 → b = 4

이를 ⓐ에 대입하여 정리하면
20a + 400 = 600 → a = 10

따라서 a는 10, b는 4인 ①이 정답이다.

19 자료해석　　　　　　　　　　정답 ①

제시된 자료에 따르면 무역수지 = 총수출액 − 총수입액이므로 2021년 Z 지역의 무역수지는 1,200 − 528 = 672백만 달러이다. 이에 따라 무역수지의 전년 대비 증감률을 이용하여 연도별 Z 지역의 무역수지를 계산하면 다음과 같다.

구분	무역수지(백만 달러)
2021년	1,200 − 528 = 672
2020년	672 / (1 − 0.3) = 960
2019년	960 / (1 + 1) = 480
2018년	480 / (1 + 0.6) = 300
2017년	300 / (1 + 0.5) = 200

따라서 2017년 이후 Z 지역의 무역수지와 그래프의 높이가 일치하는 ①이 정답이다.

20 자료해석　　　　　　　　정답 ③

A 사원 저축액의 변화를 나타내면 다음과 같다.

2023년		2024년		
11월	12월	1월	2월	3월
150	250	350	450	550

$150 \xrightarrow{+100} 250 \xrightarrow{+100} 350 \xrightarrow{+100} 450 \xrightarrow{+100} 550$

A 사원 저축액은 매달 100만 원씩 증가함을 알 수 있다.
B 사원 저축액의 변화를 나타내면 다음과 같다.

2023년		2024년		
11월	12월	1월	2월	3월
200	300	500	800	1,200

$200 \xrightarrow{+100} 300 \xrightarrow{+200} 500 \xrightarrow{+300} 800 \xrightarrow{+400} 1,200$
증가액: $+100, +100, +100$

B 사원 저축액의 전월 대비 증가액은 매달 100만 원씩 증가함을 알 수 있다.
이에 따라 A 사원과 B 사원의 2024년 4월 이후 저축액을 계산하면 다음과 같다.

구분	A 사원	B 사원
2024년 4월	550+100=650만 원	1,200+500=1,700만 원
2024년 5월	650+100=750만 원	1,700+600=2,300만 원
2024년 6월	750+100=850만 원	2,300+700=3,000만 원
2024년 7월	850+100=950만 원	3,000+800=3,800만 원
2024년 8월	950+100=1,050만 원	3,800+900=4,700만 원
2024년 9월	1,050+100=1,150만 원	4,700+1,000=5,700만 원
2024년 10월	1,150+100=1,250만 원	5,700+1,100=6,800만 원

따라서 B 사원의 저축액이 처음으로 A 사원의 저축액의 5배 이상이 되는 달은 2024년 10월이다.

01 언어추리　　　　　　　　정답 ④

모든 가수가 라디오를 좋아하고, 어떤 배우가 라디오를 좋아하지 않으면 배우이면서 가수가 아닌 사람이 반드시 존재하게 된다.
따라서 '어떤 배우는 가수가 아니다.'가 타당한 결론이다.

오답 체크

가수를 '가', 라디오를 좋아하는 사람을 '라', 배우를 '배'라고 하면

① 배우 중에 가수가 아닌 사람이 적어도 한 명 존재하므로 반드시 거짓인 결론이다.

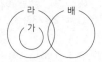

② 배우 중에 가수인 사람이 있을 수도 있으므로 반드시 참인 결론이 아니다.

③ 가수 중에 배우인 사람이 있을 수도 있으므로 반드시 참인 결론이 아니다.

④ 모든 가수는 배우일 수도 있으므로 반드시 참인 결론이 아니다.

02 언어추리　　　　　　　　정답 ⑤

축구를 좋아하는 어떤 사람이 야구를 좋아하고, 농구를 좋아하는 모든 사람이 야구를 좋아하지 않으면 야구와 축구를 좋아하면서 농구를 좋아하지 않는 사람이 반드시 존재하게 된다.
따라서 '축구를 좋아하는 어떤 사람은 농구를 좋아하지 않는다.'가 타당한 결론이다.

오답 체크

축구를 좋아하는 사람을 '축', 야구를 좋아하는 사람을 '야', 농구를 좋아하는 사람을 '농'이라고 하면

① 축구를 좋아하는 사람 중에 농구를 좋아하지 않는 사람이 적어도 한 명 존재하므로 반드시 거짓인 결론이다.

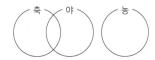

② 농구를 좋아하는 모든 사람은 축구를 좋아하지 않을 수도 있으므로 반드시 참인 결론이 아니다.

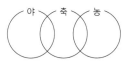

③ 축구를 좋아하는 사람 중에 농구를 좋아하는 사람이 있을 수도 있으므로 반드시 참인 결론이 아니다.

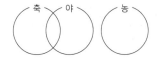

④ 축구를 좋아하는 모든 사람은 농구를 좋아하지 않을 수도 있으므로 반드시 참인 결론이 아니다.

03 언어추리   정답 ⑤

어떤 회사원은 기부를 하지 않고, 기부를 하지 않는 모든 사람이 독서를 좋아하지 않으면 회사원이면서 독서를 좋아하지 않는 사람이 반드시 존재하게 된다.
따라서 '기부를 하지 않는 모든 사람은 독서를 좋아하지 않는다.'가 타당한 전제이다.

오답 체크

회사원을 '회', 기부를 하는 사람을 '기', 독서를 좋아하는 사람을 '독'이라고 하면

①, ② 어떤 회사원이 기부를 하지 않고, 기부를 하는 모든 사람이 독서를 좋아하면 모든 회사원은 독서를 좋아할 수도 있으므로 결론이 반드시 참이 되게 하는 전제가 아니다.

③, ④ 어떤 회사원이 기부를 하지 않고, 독서를 좋아하는 어떤 사람이 기부를 하거나 기부를 하지 않는다면 모든 회사원은 독서를 좋아할 수도 있으므로 결론이 반드시 참이 되게 하는 전제가 아니다.

04 언어추리   정답 ⑤

제시된 조건에 따르면 2회전에서 주사위를 던져 나온 숫자는 B가 A보다 컸으며, 그 외에는 모두 A가 B보다 컸으므로 1회전과 3회전에서 주사위를 던져 나온 숫자는 A가 B보다 컸고, 1회전에서 주사위를 던져 나온 숫자는 A와 B 모두 짝수이므로 1회전에서 A는 4, B는 2가 나왔거나 A는 6, B는 2가 나왔거나 A는 6, B는 4가 나왔다. 이때 주사위 숫자로 4는 총 세 번 나왔으므로 4는 1회전, 2회전, 3회전에서 각각 한 번씩 나왔고, 1회전에서 A는 6, B는 2가 나올 수 없다. 이에 따라 가능한 경우는 다음과 같다.

구분		1회전	2회전	3회전	최종 점수
경우 1	A	4	4	5	3점
	B	2	5	4	1점
경우 2	A	4	1	4	7점
	B	2	4	1 또는 3	3점 또는 5점
경우 3	A	4	3	4	5점
	B	2	4	3	3점
경우 4	A	6	4	5	5점
	B	4	5	4	3점
경우 5	A	6	1	4	9점
	B	4	4	1 또는 3	5점 또는 7점
경우 6	A	6	3	4	7점
	B	4	4	3	5점

따라서 A와 B의 최종 점수가 4점 차이면, B가 주사위를 던져 나온 홀수는 3이므로 항상 거짓인 설명이다.

오답 체크

① A의 최종 점수가 7점 이상이면, 가능한 경우의 수는 5가지이므로 항상 참인 설명이다.

② B가 2회전에서 주사위를 던져 나온 숫자가 홀수이면, 가능한 경우의 수는 2가지이므로 항상 참인 설명이다.

③ A가 주사위를 던져 나온 숫자 2개가 연달아 같다면, 가능한 경우의 수는 1가지이므로 항상 참인 설명이다.

④ B의 최종 점수가 7점이면, B는 주사위를 던져 4가 총 두 번 나왔으므로 항상 참인 설명이다.

05 언어추리 정답 ②

제시된 조건에 따르면 6번 자리는 빈자리이고, B는 2번 자리에 앉으며, A와 C 사이에 1명이 자리에 앉으므로 A와 C는 1번 또는 3번 자리에 앉거나 3번 또는 5번 자리에 앉는다. 이때 D는 5명 중 마지막 순서로 도착하지 않으므로 A와 C가 앉는 자리에 따라 가능한 경우는 다음과 같다.

경우 1. A와 C가 1번 또는 3번 자리에 앉는 경우

1번	2번	3번	4번	5번	6번
A 또는 C	B	A 또는 C	D	E	빈자리

경우 2. A와 C가 3번 또는 5번 자리에 앉는 경우

1번	2번	3번	4번	5번	6번
D 또는 E	B	A 또는 C	D 또는 E	A 또는 C	빈자리

따라서 C가 A보다 먼저 도착한다면, C와 D가 앉는 자리 번호의 합은 4 또는 5 또는 7이므로 항상 참인 설명이다.

오답 체크

① A와 E가 앉는 자리 번호의 합은 4 또는 6 또는 7 또는 8 또는 9이므로 항상 참인 설명은 아니다.
③ A가 3번 자리에 앉는다면, 가능한 경우의 수는 3가지이므로 항상 거짓인 설명이다.
④ E가 가장 마지막 순서로 도착한다면, 가능한 경우의 수는 2가지이므로 항상 거짓인 설명이다.
⑤ D가 A보다 먼저 도착한다면, E가 도착한 바로 다음 순서로 A 또는 B 또는 C가 도착하므로 항상 참인 설명은 아니다.

06 언어추리 정답 ③

제시된 조건에 따르면 5명 중 짝수 등수인 사람의 말은 거짓, 홀수 등수인 사람의 말은 진실이므로 거짓을 말한 사람은 2명, 진실을 말한 사람은 3명이다. 먼저 갑의 말이 거짓이면 갑은 2등 또는 4등이므로 갑보다 나중에 결승선에 들어온 사람이 2명이라는 을의 말도 거짓이 되어 을도 2등 또는 4등이다. 이때 병, 정, 무의 말은 진실이고 1등 또는 3등 또는 5등이어야 하지만, 병의 말에 따라 병의 등수가 홀수이면 정의 등수는 짝수가 되므로 모순된다. 이에 따라 갑의 말은 진실이다. 병은 자신의 바로 다음 순서로 결승선에 들어왔다는 갑의 말이 진실이므로 갑은 1등 또는 3등이고, 병은 2등 또는 4등이므로 병은 거짓을 말했음을 알 수 있다. 이때 갑이 3등이면, 병은 4등이고, 갑보다 나중에 결승선에 들어온 사람이 2명이라는 을의 말은 진실이 되어 을은 1등 또는 5등이므로 을은 2등을 하지 않았다는 정의 말도 진실이 되어 정도 1등 또는 5등이지만, 자신이 5등이 아니라는 무의 말도 진실이 되어 거짓을 말한 사람이 2명이라는 조건에 모순되므로 갑은 1등을 하였음을 알 수 있다. 갑이 1등이면, 병은

2등이고, 을의 말은 거짓이 되어 을은 4등이므로 정과 무의 말은 진실이 된다. 이에 따라 무가 3등, 정이 5등이다.

1등	2등	3등	4등	5등
갑	병	무	을	정

따라서 2등인 사람은 병이다.

07 언어추리 정답 ①

제시된 조건에 따르면 C는 4번 자리에 넣고, A와 F는 같은 열에 넣으므로 A와 F를 1번 또는 2번 자리에 넣거나 5번 또는 6번 자리에 넣는다. 이때 B와 D는 같은 행에 넣으므로 가능한 경우는 다음과 같다.

경우 1. A와 F를 1번 또는 2번 자리에 넣는 경우

1번	3번	5번
A 또는 F	B 또는 D	B 또는 D
2번	4번	6번
A 또는 F	C	E

경우 2. A와 F를 5번 또는 6번 자리에 넣는 경우

1번	3번	5번
B 또는 D	B 또는 D	A 또는 F
2번	4번	6번
E	C	A 또는 F

따라서 C와 E는 같은 행에 넣으므로 항상 거짓인 설명이다.

오답 체크

② A와 B는 같은 행에 넣거나 다른 행에 넣으므로 항상 거짓인 설명은 아니다.
③ A를 2번 자리에 넣으면, 가능한 경우의 수는 2가지이므로 항상 참인 설명이다.
④ A를 D와 같은 행에 넣으면, 가능한 경우의 수는 4가지이므로 항상 참인 설명이다.
⑤ B를 E와 같은 열에 넣으면, 가능한 경우의 수는 4가지이므로 항상 참인 설명이다.

08 언어추리 정답 ⑤

제시된 조건에 따르면 B 사의 핸드폰은 2명, C 사의 핸드폰은 3명이 구매하므로 A 사와 D 사의 핸드폰은 각각 1명 또는 2명이 구매한다. 또한, 다는 B 사, 사는 C 사의 핸드폰을 구매하고, 라는 마와 같은 회사, 사와 다른 회사의 핸드폰을 구매하므로 라와 마는 A 사 또는 D 사의 핸드폰을 구매한다. 이때 가와 나는 같은 회사의 핸드폰을 구매하므로 C 사의 핸드폰을 구매한다. 라와 마가 구매하는 핸드폰에 따라 가능한 경우는 다음과 같다.

경우 1. 라와 마가 A 사의 핸드폰을 구매하는 경우

A 사	B 사	C 사	D 사
2명	2명	3명	1명
라, 마	다, 바 또는 아	사, 가, 나	바 또는 아

경우 2. 라와 마가 D 사의 핸드폰을 구매하는 경우

A 사	B 사	C 사	D 사
1명	2명	3명	2명
바 또는 아	다, 바 또는 아	사, 가, 나	라, 마

따라서 아가 B 사의 핸드폰을 구매하면 바는 혼자 A 사 또는 D 사의 핸드폰을 구매하므로 항상 거짓인 설명이다.

오답 체크

① 바는 A 사 또는 B 사 또는 D 사의 핸드폰을 구매하므로 항상 거짓인 설명은 아니다.

② 마는 A 사 또는 D 사의 핸드폰을 구매하므로 항상 거짓인 설명은 아니다.

③ 가는 나, 사와 함께 C 사의 핸드폰을 구매하므로 항상 참인 설명이다.

④ 다가 바와 같은 회사의 핸드폰을 구매하면 아는 A 사 또는 D 사의 핸드폰을 구매하므로 항상 거짓인 설명은 아니다.

09 언어추리   정답 ①

제시된 조건에 따르면 갑은 A 기업, 정은 B 기업을 선택하고, 병은 B 기업과 C 기업을 선택하지 않으므로 A 기업 또는 D 기업을 선택한다. 이때 을은 무와 같은 기업을 선택하고, 다수결의 원칙을 적용할 수 없는 경우는 없으므로 을과 무가 C 기업 또는 D 기업을 선택하면 병은 D 기업을 선택한다. 이에 따라 가능한 경우는 다음과 같다.

구분	갑	을	병	정	무	투자 기업
경우 1	A	A	A 또는 D	B	A	A
경우 2		B	A 또는 D		B	B
경우 3		C	D		C	C
경우 4		D	D		D	D

따라서 을이 선택한 기업에 투자하므로 항상 참인 설명이다.

오답 체크

② 정이 선택한 기업에 투자하면, 가능한 경우의 수는 2가지이므로 항상 거짓인 설명이다.

③ 을과 병이 함께 A 기업을 선택하면 A 기업에 투자하고, D 기업을 선택하면 D 기업에 투자하므로 항상 참인 설명은 아니다.

④ 병이 A 기업을 선택하면, 을과 정은 함께 B 기업을 선택하거나 서로 다른 기업을 선택하므로 항상 참인 설명은 아니다.

⑤ 갑과 같은 기업을 선택한 사람은 갑을 포함하여 2명 또는 3명 또는 4명이거나 없으므로 항상 참인 설명은 아니다.

10 언어추리   정답 ⑤

제시된 조건에 따르면 서울행, 익산행, 여수행, 정동진행 순으로 기차가 먼저 출발하였고, 정동진행 기차에 2명이 탑승하였으며, 우희보다 먼저 출발한 사람은 3명이므로 우희는 여수행 기차에 혼자 탑승하였다. 이때 희진, 지우, 민아, 우희는 서로 다른 기차에 탑승하였고, 지우와 민아는 희진이보다 늦게 출발하였으므로 희진이는 서울행 기차에 탑승하였고, 지우와 민아는 각각 익산행 또는 정동진행 기차에 탑승하였다. 이에 따라 미지는 선호보다 먼저 출발하였으므로 선호는 정동진행 기차에 탑승하였고, 미지는 서울행 또는 익산행 기차에 탑승하였다. 미지가 탑승한 기차에 따라 가능한 경우는 다음과 같다.

경우 1. 미지가 서울행 기차에 탑승한 경우

서울행	익산행	여수행	정동진행
2명	1명	1명	2명
희진, 미지	지우 또는 민아	우희	선호, 지우 또는 민아

경우 2. 미지가 익산행 기차에 탑승한 경우

서울행	익산행	여수행	정동진행
1명	2명	1명	2명
희진	미지, 지우 또는 민아	우희	선호, 지우 또는 민아

따라서 희진이와 같은 기차에 탑승한 사람이 있다면, 가능한 경우의 수는 2가지이므로 항상 참인 설명이다.

오답 체크

① 우희는 미지보다 늦게 출발하였으므로 항상 거짓인 설명이다.

② 지우는 선호보다 먼저 출발하였거나 선호와 함께 출발하였으므로 항상 참인 설명은 아니다.

③ 지우와 미지가 같은 기차에 탑승하였다면, 서울행 기차에 탑승한 사람은 1명이므로 항상 거짓인 설명이다.

④ 익산행 기차에 탑승한 사람이 1명이면, 선호는 정동진행, 민아는 익산행 또는 정동진행 기차에 탑승하였으므로 항상 참인 설명은 아니다.

11 언어추리　　　　　　　　정답 ③

제시된 조건에 따르면 4층에 배정받은 사람은 없고, 지민이가 배정받은 사무실은 명우가 배정받은 사무실 바로 위에 인접하여 있으므로 지민이와 명우는 같은 동에 배정받았고, 해준이와 명우도 같은 동에 배정받았으므로 해준, 지민, 명우가 같은 동에 배정받았다. 이때 지희는 A 동, 수연이는 B 동에 배정받았고, 수연이가 배정받은 층과 동일한 층에 배정받은 사람은 없으므로 해준, 지민, 명우는 B 동에 배정받았음을 알 수 있다. 지민이와 명우가 배정받은 층에 따라 가능한 경우는 다음과 같다.

경우 1. 1층에 명우, 2층에 지민이가 배정받은 경우

구분	A 동	B 동
5층	지희 또는 X	수연 또는 해준
4층	X	X
3층	지희 또는 X	수연 또는 해준
2층	지희 또는 X	지민
1층	지희 또는 X	명우

경우 2. 2층에 명우, 3층에 지민이가 배정받은 경우

구분	A 동	B 동
5층	지희 또는 X	수연 또는 해준
4층	X	X
3층	지희 또는 X	지민
2층	지희 또는 X	명우
1층	지희 또는 X	수연 또는 해준

따라서 해준이가 5층에 배정받았다면, 가능한 경우의 수는 6가지이므로 항상 거짓인 설명이다.

오답 체크
① 명우는 B 동에 배정받았으므로 항상 참인 설명이다.
② 지희와 같은 층에 배정받은 사람이 해준이면, 가능한 경우의 수는 4가지이므로 항상 참인 설명이다.
④ 명우가 1층에 배정받았다면, 지희는 1층 또는 2층 또는 3층 또는 5층에 배정받았으므로 항상 거짓인 설명은 아니다.
⑤ 지민이가 3층에 배정받았다면, 해준이는 1층 또는 5층에 배정받았으므로 항상 거짓인 설명은 아니다.

12 언어추리　　　　　　　　정답 ③

제시된 조건에 따르면 갑은 첫 번째 순서로 도착하여 3번 자리에 앉았으며, 정은 첫 번째 순서로 도착한 사람과 마주 보는 자리에 앉았으므로 정은 6번 자리에 앉았다. 또한, 을보다 먼저 도착한 사람은 3명이므로 을은 네 번째 순서로 도착했고, 기는 다섯 번째 순서로 도착했으며, 정은 마지막 순서로 도착하지 않았으므로 두 번째 또는 세

번째 순서로 도착했다. 이때 두 번째 순서로 도착한 사람은 4번 자리에 앉았으므로 정은 세 번째 순서로 도착하였음을 알 수 있다. 또한, 무는 을이 고른 자리의 바로 오른쪽 자리에 앉았으므로 을이 2번 자리에 앉으면 무는 1번 자리에 앉고, 을이 5번 자리에 앉으면 무는 4번 자리에 앉는다. 을이 앉는 자리에 따라 가능한 경우는 다음과 같다.

경우 1. 을이 2번 자리에 앉는 경우

첫 번째	두 번째	세 번째	네 번째	다섯 번째	여섯 번째
갑	병	정	을	기	무
3번	4번	6번	2번	5번	1번

경우 2. 을이 5번 자리에 앉는 경우

첫 번째	두 번째	세 번째	네 번째	다섯 번째	여섯 번째
갑	무	정	을	기	병
3번	4번	6번	5번	1번 또는 2번	1번 또는 2번

따라서 정은 세 번째 순서로 도착했으므로 항상 참인 설명이다.

오답 체크
① 병과 마주 보고 앉은 사람은 을 또는 무이므로 항상 참인 설명은 아니다.
② 병과 무는 두 번째 또는 여섯 번째 순서로 도착했으므로 항상 참인 설명은 아니다.
④ 정과 무 순서 사이에 도착한 사람은 없거나 2명이므로 항상 참인 설명은 아니다.
⑤ 을과 병이 마주 보고 앉았다면, 병은 여섯 번째 순서로 도착했으므로 항상 거짓인 설명이다.

13 언어추리　　　　　　　　정답 ⑤

제시된 조건에 따르면 6개의 회사가 4~7월 중 한 달을 선택하여 필기시험을 한 번 진행하며, 매달 필기시험이 진행되고 한 달에 3개 이상의 회사가 함께 필기시험을 진행하지 않으므로 4~7월 중 두 달은 2개의 회사가, 나머지 두 달은 1개의 회사가 필기시험을 진행한다. 이때 C 사와 같은 달에 필기시험을 진행하는 회사는 없으며 C 사보다 앞선 달에 필기시험을 진행하는 회사가 있고 그 회사는 최대 4개이므로 C 사는 5월 또는 6월에 필기시험을 진행한다. 이에 따라 한 달에 2개의 회사가 함께 필기시험을 진행하는 달은 이웃한 달이므로 (4월, 5월) 또는 (6월, 7월)이다. C 사가 필기시험을 진행하는 달에 따라 가능한 경우는 다음과 같다.

경우 1. C 사가 5월에 필기시험을 진행하는 경우

4월(1개)	5월(1개)	6월(2개)	7월(2개)
B	C	A, E	D, F
		D, F	A, E

경우 2. C 사가 6월에 필기시험을 진행하는 경우

4월(2개)	5월(2개)	6월(1개)	7월(1개)
B, A 또는 E	D, F	C	A 또는 E

따라서 E 사가 7월에 필기시험을 진행하면, D 사는 5월에, C 사는 6월에 필기시험을 진행하므로 항상 거짓인 설명이다.

오답 체크
① C 사는 5월 또는 6월에 필기시험을 진행하므로 항상 거짓인 설명은 아니다.
② 6월에 필기시험을 진행하는 회사는 1개 또는 2개이므로 항상 거짓인 설명은 아니다.
③ B 사는 A 사 또는 E 사와 같은 달에 필기시험을 진행하거나 혼자 진행하므로 항상 거짓인 설명은 아니다.
④ F 사가 6월에 필기시험을 진행하면, A 사와 E 사가 7월에 함께 필기시험을 진행하므로 항상 참인 설명이다.

14 언어추리 정답 ④

제시된 조건에 따르면 2019년에 을은 부여, 정은 서천에서 근무했고, 서산에서 근무한 사람은 바로 직전 해에 부여에서 근무했으므로 2020년에 서산에서 근무한 사람은 을이다. 이에 따라 서천에서 근무한 사람은 바로 다음 해에 논산에서 근무하지 않으므로 정은 2020년에 부여에서 근무했다. 또한, 2021년에 부여에서 근무한 사람은 갑이므로 2020년에 서천에서 근무한 사람은 갑임을 알 수 있다.

구분	부여	논산	서천	서산
2019년	을	갑	정	병
2020년	정	병	갑	을
2021년	갑	을	병	정

따라서 2020년에 서산에서 근무한 을은 2021년에 논산에서 근무했으므로 항상 참인 설명이다.

오답 체크
① 제시된 기간 동안 갑은 서산에서 근무하지 않으므로 항상 거짓인 설명이다.
② 병은 2020년에 논산에서 근무했으므로 항상 거짓인 설명이다.
③ 갑은 2020년에 서천에서 근무했으므로 항상 거짓인 설명이다.
⑤ 2020년에 부여에서 근무한 정은 2021년에 서산에서 근무했으므로 항상 거짓인 설명이다.

15 도형추리 정답 ①

각 행에서 다음 열에 제시된 도형은 이전 열에 제시된 도형의 내부 도형을 시계 방향으로 90° 회전한 형태이다.

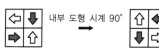

[3행 2열]　　　　　　　　[3행 3열]

따라서 '?'에 해당하는 도형은 ①이다.

16 도형추리 정답 ②

각 행에서 다음 열에 제시된 도형은 이전 열에 제시된 도형을 시계 방향으로 90° 회전하면서 음영을 '다이아몬드 → 사각형 → 원 → 다이아몬드' 순으로 변경한 형태이다.

[3행 2열]　　　　　　　　[3행 3열]

따라서 '?'에 해당하는 도형은 ②이다.

17 도형추리 정답 ④

각 열에서 다음 행에 제시된 도형은 이전 행에 제시된 도형을 반시계 방향으로 90° 회전한 후 내부 도형만 색반전한 형태이다.

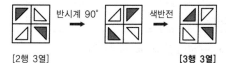

[2행 3열]　　　　　　　　[3행 3열]

따라서 '?'에 해당하는 도형은 ④이다.

> ▲ : 문자와 숫자 순서에 따라 첫 번째, 네 번째 문자(숫자)를 바로 다음 순서에 오는 문자(숫자)로, 두 번째, 세 번째 문자(숫자)를 이전 두 번째 순서에 오는 문자(숫자)로 변경한다.
> ex. abcd → bzae (a+1, b-2, c-2, d+1)
> ● : 첫 번째 문자(숫자)를 두 번째 자리로, 두 번째 문자(숫자)를 네 번째 자리로, 네 번째 문자(숫자)를 첫 번째 자리로 이동시킨다.
> ex. abcd → dacb
> ■ : 문자와 숫자 순서에 따라 각 자리의 문자(숫자)를 이전 두 번째 순서에 오는 문자(숫자)로 변경한다.
> ex. abcd → yzab (a-2, b-2, c-2, d-2)
> ★ : 첫 번째 문자(숫자)를 네 번째 자리로, 두 번째 문자(숫자)를 세 번째 자리로, 세 번째 문자(숫자)를 첫 번째 자리로, 네 번째 문자(숫자)를 두 번째 자리로 이동시킨다.
> ex. abcd → cdba

18 도식추리   정답 ⑤

VPBN → ★ → BNPV → ● → VBPN

19 도식추리   정답 ③

1US7 → ▲ → 2SQ8 → ● → 82QS → ■ → 6OOQ

20 도식추리   정답 ①

3FCC → ★ → CCF3 → ▲ → DAD4

21 도식추리   정답 ②

4R8A → ■ → 2P6Y → ★ → 6YP2 → ★ → P2Y6

22 문단배열   정답 ②

이 글은 진화론을 주장했던 라마르크의 '용불용설(用不用說)'과 다윈의 '자연선택설'을 설명하는 글이다.

따라서 '(C) 기린의 목이 점차 길어졌다는 진화론을 주장한 라마르크 → (B) 긴 목의 기린만이 살아남았다고 여긴 다윈 → (D) 자연선택설을 정리한 다윈 → (A) 자연선택설을 대표하는 사례인 산업혁명 과정에서 검은 나방이 늘어난 현상' 순으로 연결되어야 한다.

23 문단배열   정답 ②

이 글은 엘리베이터의 기원에 대해 언급하고, 오티스가 개발한 최초의 승객용 엘리베이터에 대해 설명하는 글이다.

따라서 '(B) 도르래의 원리를 활용한 최초의 엘리베이터 → (A) 여왕의 의자에 밧줄을 걸어 층간을 이동할 수 있게 한 나폴레옹과 당시 위험성이 높았던 엘리베이터 → (D) 안전장치가 설치된 엘리베이터를 발명한 오티스 → (C) 안정성을 인정받아 세계 최초의 승객용 엘리베이터라는 칭호를 얻은 오티스의 엘리베이터' 순으로 연결되어야 한다.

24 논리추론   정답 ④

식품업계 부문에서는 다른 분야와 식품업계가 협업 시 어느 한쪽을 이용하면서 사용 의도에서 완전히 벗어나 소비자가 해를 입을 수도 있다고 하였으므로 식품업계는 펀슈머 마케팅으로 인한 리스크가 가장 적어 펀슈머 마케팅 활용을 독려해야 한다는 것은 옳지 않은 내용이다.

오답 체크

① 펀슈머는 단순히 제품을 소비하는 데에서 그치지 않고 제품에 대한 사용 경험을 SNS, 동영상 플랫폼 등을 통해 공유한다고 하였으므로 옳은 내용이다.

② 펀슈머는 물건을 구매하면서 상품에 대한 재미를 느끼고자 하는 소비자를 의미한다고 하였으므로 옳은 내용이다.

③ 펀슈머 마케팅을 활용할 경우 서로 다른 산업끼리도 교류를 통해 다양한 제품을 출시할 수 있다고 하였으므로 옳은 내용이다.

⑤ 펀슈머 마케팅은 의류, e-스포츠, 웹드라마 등 곳곳에서 확인할 수 있다고 하였으므로 옳은 내용이다.

25 논리추론   정답 ②

최근 국내의 한 연구진이 기존의 굴절렌즈 대비 10,000배 더 얇은 초박막 메타렌즈 개발에 성공했다고 하였으므로 최근 국내의 연구진이 개발한 초박막 메타렌즈가 기존의 굴절렌즈보다 100배 더 얇다는 것은 옳지 않은 내용이다.

오답 체크

① 메타렌즈의 개발로 스마트폰에 카메라가 튀어나온 현상이 해결될 것으로 예측되며, 메타렌즈는 굴곡이 없는 초박막 평면이라고 하였으므로 옳은 내용이다.

③ 메타렌즈는 나노 크기의 이산화타이타늄 기반의 핀이 렌즈 표면에 균일하게 배열되어 있다고 하였으므로 옳은 내용이다.

④ 메타렌즈는 400nm 정도로 작은 물체까지도 선명하게 확인할 수 있도록 한다는 이점이 있다고 하였으므로 옳은 내용이다.

⑤ 카메라 렌즈는 빛을 모아 상을 만들어 피사체를 나타내며, 이 과정에서 상이 뒤틀리는 수차 현상이 나타난다고 하였으므로 옳은 내용이다.

26 논리추론
정답 ②

뉴로모픽 반도체를 활용할 경우 전력 소모를 GPU 반도체 대비 1억 분의 1까지 감소시킬 수 있다고 하였으므로 GPU 반도체를 활용하면 뉴로모픽 반도체 사용 시보다 전력 소비량이 1억 분의 1까지 감소하게 된다는 것은 옳지 않은 내용이다.

오답 체크

① GPU 반도체는 병렬 연산 처리에 최적화되어 있다고 하였으므로 옳은 내용이다.
③ AI 반도체는 가장 진화된 반도체 기술이며, 저장, 연산 처리, 통신 기능들이 융합된 반도체라고 하였으므로 옳은 내용이다.
④ 뉴로모픽 반도체는 인간의 뇌가 구동하는 방식을 구현하였으며, 시냅스가 작동하는 방식을 모사했다고 하였으므로 옳은 내용이다.
⑤ AI 반도체 시장은 2025년에는 약 82조 원까지 그 규모가 확대될 것으로 예측된다고 하였으므로 옳은 내용이다.

27 논리추론
정답 ⑤

농구는 정해진 시간 안에 많은 득점을 얻은 팀이 승리하기 때문에 경기 종료 시점의 득점 상황에 따라 승패가 결정된다고 하였으므로 농구 경기에서 승패의 가늠이 전·후반 각각의 득점을 구분하지 않고 경기 종료 시점의 득점 상황으로 결정된다는 것을 추론할 수 있다.

오답 체크

① 농구 코트는 남녀 구분 없이 장애물 없는 가로 28m, 세로 15m의 직사각형으로 구성되어야 한다고 하였으므로 옳지 않은 내용이다.
② 농구는 우리나라에 1902년 미국인 선교사인 질레트에 의해 소개되었다고 하였으므로 옳지 않은 내용이다.
③ 승부가 나지 않을 경우 전·후반을 구분하지 않고 5분 동안 연장전을 치른다고 하였으므로 옳지 않은 내용이다.
④ 오늘날과 같은 룰과 링이 적용된 것은 1894년부터라고 하였으므로 옳지 않은 내용이다.

28 논리추론
정답 ③

제시된 글의 필자는 미역국 한 그릇에 함유된 요오드의 양은 1.1mg으로, 임산부와 수유부의 1일 요오드 섭취권장량인 0.24mg과 0.34mg을 초과하며, 임산부와 수유부는 요오드를 많이 섭취할 경우 갑상샘 질환이 나타날 수 있으므로 산후조리 음식으로 미역국 위주의 식단 대신 단백질 위주의 육류 식단을 제공해야 한다고 주장하고 있다.
따라서 미역에는 요오드 외에도 섬유질, 철분, 칼슘 등 다양한 영양소가 함유되어 있어 적당량 섭취 시 산모의 건강 유지에 큰 도움이 된다는 반박이 타당하다.

29 논리추론
정답 ④

이 글은 밀그램이 진행한 실험을 통해 평범한 사람이더라도 권위자의 지시가 있다면 다른 사람을 죽일 수도 있다는 내용이고, <보기>는 나치 전범인 아돌프 아이히만은 악행을 저질렀지만 정신 상태가 정상이었으며, 아이히만의 진술에 따르면 자신은 국가의 명령에 따라 직무를 수행했다는 내용이다.
따라서 아돌프 아이히만이 국가의 지시를 따랐다고 진술한 것처럼 밀그램의 실험에 참여한 피실험자들도 권위에 복종해 잔혹한 행동을 했음을 알 수 있다.

30 논리추론
정답 ③

이 글은 야수파가 사실주의 체계를 타파하고 색채, 형태 등 새로운 기법을 추진한 작품을 통해 자아를 개성적으로 표출하였다는 내용이고, <보기>는 사실주의에 기반한 작품으로 유명한 르네상스 초기의 조각가인 도나텔로의 작품에 대한 내용이다.
따라서 루이 복셀이 제3회 살롱 도톤의 7번 전시실 중앙에 있던 알베르 마르크의 고전주의 양식 청동 조각을 보고 '야수의 우리에 갇힌 도나텔로'라고 평가했다는 점에서 알베르 마르크의 작품을 사실주의에 기초한 도나텔로의 작품처럼 여긴 것을 알 수 있다.

기출동형모의고사 2회

바로 채점 및
성적 분석 서비스

정답

수리논리

01 응용계산	02 응용계산	03 자료해석	04 자료해석	05 자료해석	06 자료해석	07 자료해석	08 자료해석	09 자료해석	10 자료해석
③	④	②	③	③	⑤	④	②	①	②
11 자료해석	12 자료해석	13 자료해석	14 자료해석	15 자료해석	16 자료해석	17 자료해석	18 자료해석	19 자료해석	20 자료해석
④	③	④	④	①	②	④	⑤	⑤	①

추리

01 언어추리	02 언어추리	03 언어추리	04 언어추리	05 언어추리	06 언어추리	07 언어추리	08 언어추리	09 언어추리	10 언어추리
⑤	①	②	④	④	③	④	⑤	⑤	⑤
11 언어추리	12 언어추리	13 언어추리	14 언어추리	15 도형추리	16 도형추리	17 도형추리	18 도식추리	19 도식추리	20 도식추리
⑤	⑤	①	③	⑤	④	④	④	①	③
21 도식추리	22 문단배열	23 문단배열	24 논리추론	25 논리추론	26 논리추론	27 논리추론	28 논리추론	29 논리추론	30 논리추론
④	④	④	③	③	⑤	④	③	④	④

취약 유형 분석표

유형별로 맞힌 개수, 틀린 문제 번호와 풀지 못한 문제 번호를 적고 나서 취약한 유형이 무엇인지 파악해 보세요.
취약한 유형은, 틀린 문제 및 풀지 못한 문제를 다시 풀어보면서 확실히 극복하세요.

수리논리

유형	맞힌 개수	틀린 문제 번호	풀지 못한 문제 번호
응용계산	/2		
자료해석	/18		
TOTAL	**/20**		

추리

유형	맞힌 개수	틀린 문제 번호	풀지 못한 문제 번호
언어추리	/14		
도형추리	/3		
도식추리	/4		
문단배열	/2		
논리추론	/7		
TOTAL	**/30**		

합계

영역	제한 시간 내에 푼 문제 수	정답률
수리논리	/20	%
추리	/30	%
TOTAL	**/50**	**%**

해설

01 응용계산   정답 ③

작업량 = 시간당 작업량 × 시간임을 적용하여 구한다.
A가 1시간 동안 한 일의 양을 x, B가 1시간 동안 한 일의 양을 y, C가 1시간 동안 한 일의 양을 z, 전체 일의 양을 1이라고 하면 이 일을 A가 혼자 해서 완료하는 데 2시간이 소요되므로 $x = \frac{1}{2}$, B가 혼자 해서 완료하는 데 8시간이 소요되므로 $y = \frac{1}{8}$이다. 이에 따라 B와 C가 같이 하면 완료하는 데 2시간 40분이 소요되므로
$\left(\frac{1}{8} + z \right) \times \frac{8}{3} = 1 \rightarrow z = \frac{1}{4}$
따라서 이 일을 A와 C가 같이 해서 완료하는 데 소요되는 시간은
$1 \div \left(\frac{1}{2} + \frac{1}{4} \right) = \frac{4}{3}$시간 = 1시간 20분이다.

02 응용계산   정답 ④

'적어도 …'의 확률 = 1 − (반대 사건의 확률)임을 적용하여 구한다.
7명 중 3명을 연구직으로 구성하려고 할 때, 30대가 적어도 한 명 포함될 확률은 전체 확률 1에서 30대가 한 명도 포함되지 않을 확률을 뺀 것과 같다. 이때 7명 중 3명을 연구직으로 구성하는 경우의 수는 $_{7}C_{3} = \frac{7!}{3!4!} = 35$가지이고, 30대가 한 명도 포함되지 않을 경우의 수는 $_{4}C_{3} = \frac{4!}{3!1!} = 4$가지이므로 30대가 한 명도 포함되지 않을 확률은 $\frac{4}{35}$이다.
따라서 7명 중 3명을 연구직으로 구성하려고 할 때, 30대가 적어도 한 명 포함될 확률은 $1 - \frac{4}{35} = \frac{31}{35}$이다.

03 자료해석   정답 ②

2023년 팀별 팀원 수 및 총매출액과 전년 대비 증감률을 활용하여 2022년 팀별 팀원 수 및 총매출액을 계산하면 다음과 같다.

구분	팀원 수(명)	총매출액(백만 원)
A 팀	10 / 2.0 = 5	300 / 1.6 = 187.5
B 팀	5 / 1.25 = 4	180 / 1.5 = 120
C 팀	6 / 0.6 = 10	240 / 1.2 = 200
D 팀	15 / 2.5 = 6	360 / 0.9 = 400

따라서 2022년 총매출액은 C 팀이 A 팀보다 200 − 187.5 = 12.5백만 원 더 많으므로 옳지 않은 설명이다.

① 2022년 팀원 수는 A 팀이 B 팀보다 5 − 4 = 1명 더 많으므로 옳은 설명이다.
③ 2023년 팀원 1명당 총매출액은 A 팀이 300 / 10 = 30백만 원, B 팀이 180 / 5 = 36백만 원, C 팀이 240 / 6 = 40백만 원, D 팀이 360 / 15 = 24백만 원으로 C 팀이 가장 많으므로 옳은 설명이다.
④ B 팀의 팀원 1명당 총매출액은 2022년에 120 / 4 = 30백만 원, 2023년에 180 / 5 = 36백만 원으로 2023년에 전년 대비 증가하였으므로 옳은 설명이다.
⑤ 2023년 총매출액의 전년 대비 변화량은 C 팀이 240 − 200 = 40백만 원, D 팀이 400 − 360 = 40백만 원으로 같으므로 옳은 설명이다.

> **빠른 문제 풀이 Tip**
> ④ 팀원 수 및 총매출액의 전년 대비 증감률을 비교한다.
> 분자에 해당하는 2023년 B 팀 총매출액의 전년 대비 증감률은 50%로 분모에 해당하는 2023년 B 팀 팀원 수의 전년 대비 증감률인 25%보다 높으므로 2023년 B 팀의 팀원 1명당 총매출액은 전년 대비 증가하였음을 알 수 있다.

04 자료해석   정답 ③

연금자산 = (GDP 대비 연금자산 비율 / 100) × GDP임을 적용하여 구하면 연금자산은 A 국이 (124 / 100) × 2,300 = 2,852백억 달러, B 국이 (115 / 100) × 180 = 207백억 달러, C 국이 (25 / 100) × 1,700 = 425백억 달러, D 국이 (80 / 100) × 430 = 344백억 달러, E 국이 (60 / 100) × 210 = 126백억 달러, F 국이 (75 / 100) × 500 = 375백억 달러, G 국이 (40 / 100) × 1,600 = 640백억 달러이다.
따라서 GDP 대비 연금자산 비율이 50% 이상 100% 미만인 D 국, E 국, F 국의 연금자산의 합은 344 + 126 + 375 = 845백억 달러이므로 옳은 설명이다.

① 연금자산은 D 국이 344백억 달러, F 국이 375백억 달러로 D 국이 F 국보다 적으므로 옳지 않은 설명이다.
② GDP 대비 연금자산 비율이 50% 미만인 C 국과 G 국의 GDP 합은 1,700 + 1,600 = 3,300백억 달러이므로 옳지 않은 설명이다.
④ GDP는 C 국이 G 국보다 높지만, 연금자산은 C 국이 G 국보다 적으므로 옳지 않은 설명이다.
⑤ A 국과 C 국의 GDP 합은 2,300 + 1,700 = 4,000백억 달러로, 나머지 5개 국가의 GDP 합인 180 + 430 + 210 + 500 + 1,600 = 2,920백억 달러보다 크므로 옳지 않은 설명이다.

05 자료해석
정답 ③

카드사별 2022년과 2023년 4분기 전체 카드 수를 계산하면 다음과 같다.

구분	2022년	2023년
A 카드사	1,440 / 0.12 = 12,000천 장	1,500 / 0.15 = 10,000천 장
B 카드사	990 / 0.09 = 11,000천 장	1,260 / 0.12 = 10,500천 장
C 카드사	700 / 0.1 = 7,000천 장	1,000 / 0.08 = 12,500천 장
D 카드사	1,200 / 0.06 = 20,000천 장	1,080 / 0.06 = 18,000천 장

따라서 2022년 4분기 A 카드사와 C 카드사의 전체 카드 수의 차이는 12,000 − 7,000 = 5,000천 장이므로 옳지 않은 설명이다.

오답 체크
① 2023년 4분기 B 카드사의 전체 카드 수의 전년 동 분기 대비 감소율은 {(11,000 − 10,500) / 11,000} × 100 ≒ 4.5%이므로 옳은 설명이다.
② 제시된 카드사 중 2023년 4분기 휴면카드 수가 전년 동 분기 대비 감소한 D 카드사의 2023년 4분기 휴면카드 수의 전년 동 분기 대비 변화량은 1,200 − 1,080 = 120천 장이므로 옳은 설명이다.
④ 제시된 카드사 중 2022년 4분기 전체 카드 수가 가장 많은 카드사는 D 카드사이므로 옳은 설명이다.
⑤ 제시된 카드사 중 2022년 4분기 휴면카드 비중이 두 번째로 큰 C 카드사의 2023년 4분기 휴면카드 수의 전년 동 분기 대비 증가율은 {(1,000 − 700) / 700} × 100 ≒ 43%이므로 옳은 설명이다.

06 자료해석
정답 ⑤

부가가치액 = 매출액 × (부가가치율 / 100)임을 적용하여 구한다.
부가가치액은 2016년에 2,000 × 0.25 = 500억 원, 2017년에 1,500 × 0.4 = 600억 원, 2018년에 2,500 × 0.3 = 750억 원, 2019년에 1,875 × 0.32 = 600억 원, 2020년에 1,500 × 0.44 = 660억 원, 2021년에 2,310 × 0.3 = 693억 원이다. 이에 따라 부가가치액의 전년 대비 증가율은 2017년에 {(600 − 500) / 500} × 100 = 20%, 2018년에 {(750 − 600) / 600} × 100 = 25%, 2019년에 {(600 − 750) / 750} × 100 = −20%, 2020년에 {(660 − 600) / 600} × 100 = 10%, 2021년에 {(693 − 660) / 660} × 100 = 5%이므로 2017년 이후 부가가치액의 전년 대비 증가율이 가장 높은 해는 2018년이다.
따라서 2018년 부가가치액은 750억 원이다.

07 자료해석
정답 ④

2021년 임금근로자 수가 200백 명 이상인 연령대는 10대를 제외한 모든 연령대이며, 20대 이상의 2021년 임금근로자 수의 합은 300 + 500 + 440 + 300 + 200 = 1,740백 명이므로 옳지 않은 설명이다.

오답 체크
① 2021년 임금근로자 수의 전년 대비 증가율은 10대가 {(120 − 100) / 100} × 100 = 20%, 50대가 {(300 − 250) / 250} × 100 = 20%로 10대와 50대가 같으므로 옳은 설명이다.
② 2021년 임금근로자 수가 전년 대비 감소한 연령대는 20대뿐이므로 옳은 설명이다.
③ 2021년 임금근로자 수의 전년 대비 증가율은 10대가 {(120 − 100) / 100} × 100 = 20%, 20대가 {(300 − 350) / 350} × 100 ≒ −14%, 30대가 {(500 − 400) / 400} × 100 = 25%, 40대가 {(440 − 420) / 420} × 100 ≒ 5%, 50대가 {(300 − 250) / 250} × 100 = 20%, 60대 이상이 {(200 − 150) / 150} × 100 ≒ 33%로 가장 높은 연령대는 60대 이상이므로 옳은 설명이다.
⑤ 2020년 임금근로자 수가 50대와 가장 많이 차이 나는 연령대는 420 − 250 = 170백 명 차이 나는 40대이므로 옳은 설명이다.

⏱ 빠른 문제 풀이 Tip
⑤ 2020년 임금근로자 수가 가장 많은 연령대와 가장 적은 연령대만 비교한다.
2020년 임금근로자 수가 가장 많은 연령대는 420백 명인 40대이고, 가장 적은 연령대는 100백 명인 10대이다. 이때 2020년 50대의 임금근로자 수는 250백 명으로 10대보다 40대와 임금근로자 수가 더 많이 차이 남을 알 수 있다.

08 자료해석
정답 ②

2023년 12월 A 지역의 C 바이러스 확진자 수는 총 3 + 28 + 384 + 196 + 239 + 350 + 200 = 1,400명이다. 이에 따라 2023년 12월 A 지역의 C 바이러스 여자 확진자 수는 1,400 × 0.605 = 847명, 남자 확진자 수는 1,400 − 847 = 553명이다.
따라서 2023년 12월 A 지역의 C 바이러스 여자 확진자 수와 남자 확진자 수의 차이는 847 − 553 = 294명이다.

⏱ 빠른 문제 풀이 Tip
성별 C 바이러스 확진자 수의 비중 차이를 이용하여 계산한다.
2023년 12월 A 지역의 C 바이러스 확진자 수의 성별 비중 차이는 60.5 − 39.5 = 21%p이므로 2023년 12월 A 지역의 C 바이러스 여자 확진자 수와 남자 확진자 수의 차이는 1,400 × 0.21 = 294명임을 알 수 있다.

09 자료해석　　　　정답 ①

2023년 6월 업종별 재해자 수를 계산하면 다음과 같다.

구분	재해자 수(명)
A	2,200 / 1.1 = 2,000
B	27,300 / 1.05 = 26,000
C	200 / 1.25 = 160
D	31,350 / 1.1 = 28,500
E	5,000 / 1.25 = 4,000
F	1,000 / 0.8 = 1,250
G	36,400 / 1.3 = 28,000
H	1,500 / 1.2 = 1,250

따라서 2024년 6월 재해자 수가 두 번째로 많은 D 업종의 2023년 6월 재해자 수는 28,500명이므로 옳은 설명이다.

오답 체크

② 2023년 6월 재해자 수는 B 업종이 26,000명, D 업종이 28,500명으로 B 업종이 D 업종보다 적으므로 옳지 않은 설명이다.

③ 2024년 6월 E 업종의 재해자 수는 전년 동월 대비 5,000 - 4,000 = 1,000명 증가하였으므로 옳지 않은 설명이다.

④ 2024년 6월 재해자 수가 전년 동월 대비 감소한 F 업종의 2023년 6월 재해자 수는 1,250명이므로 옳지 않은 설명이다.

⑤ 2024년 6월 재해자 수가 가장 많은 업종은 G 업종이고, 2023년 6월 재해자 수가 가장 많은 업종은 D 업종이므로 옳지 않은 설명이다.

[10-11]
10 자료해석　　　　정답 ②

6월 아파트 거래량이 1월보다 적은 지역은 A, F, H, I, K, M, N, O 지역으로 총 8곳이므로 옳은 설명이다.

오답 체크

① A 지역의 1분기 평균 아파트 거래량은 (14,000 + 8,800 + 8,300) / 3 ≒ 10,367호로 2분기 평균 아파트 거래량인 (11,700 + 9,400 + 7,400) / 3 = 9,500호보다 많으므로 옳지 않은 설명이다.

③ 6월 아파트 거래량이 1,000호 미만인 H 지역과 Q 지역의 6월 아파트 거래량 차이는 900 - 800 = 100호이므로 옳지 않은 설명이다.

④ 제시된 기간 동안 D 지역의 아파트 거래량이 처음으로 10,000호 이상을 기록한 3월에 아파트 거래량이 10,000호 이상인 지역은 D 지역과 I 지역으로 총 2곳이므로 옳지 않은 설명이다.

⑤ 제시된 기간 동안 I 지역의 아파트 거래량이 다른 달에 비해 가장 많았던 1월에 I 지역의 아파트 거래량은 Q 지역의 아파트 거래량의 35,600 / 700 ≒ 50.9배이므로 옳지 않은 설명이다.

빠른 문제 풀이 Tip

① A 지역의 1분기 아파트 거래량과 2분기 아파트 거래량을 비교한다.
A 지역의 아파트 거래량은 5월이 2월보다 9,400 - 8,800 = 600호 더 많지만, 3월이 6월보다 많고, 1월이 4월보다 600호 이상 더 많으므로 1분기 평균 아파트 거래량이 2분기 평균 아파트 거래량보다 많음을 알 수 있다.

11 자료해석　　　　정답 ④

5월 H 지역 아파트 거래량은 다른 지역 대비 가장 적으므로 옳지 않은 설명이다.

오답 체크

① 제시된 기간 동안 N 지역 아파트 거래량의 전월 대비 증감 추이는 감소, 증가, 감소, 증가, 감소이고, N 지역과 동일한 지역은 P 지역 1곳뿐이므로 옳은 설명이다.

② O 지역의 1분기 총 아파트 거래량에서 2월 아파트 거래량이 차지하는 비중은 9,000 / (7,800 + 9,000 + 5,700) × 100 = 40%이므로 옳은 설명이다.

③ 5월 아파트 거래량의 전월 대비 증가율은 J 지역이 {(4,300 - 3,800) / 3,800} × 100 ≒ 13.2%, L 지역이 {(7,600 - 6,900) / 6,900} × 100 ≒ 10.1%로 J 지역이 L 지역보다 크므로 옳은 설명이다.

⑤ 2월 아파트 거래량이 5,000호 이상인 지역은 A 지역, B 지역, C 지역, D 지역, I 지역, K 지역, L 지역, O 지역, P 지역으로 총 9곳이므로 옳은 설명이다.

[12-13]
12 자료해석　　　　정답 ③

의료기기 업체 1개당 생산 금액은 2015년에 500 / 3,000 ≒ 0.17백억 원, 2017년에 580 / 3,200 ≒ 0.18백억 원으로 2015년이 2017년보다 작으므로 옳지 않은 설명이다.

오답 체크

① 2016년 이후 의료기기 품목 수는 매년 전년 대비 증가하였으므로 옳은 설명이다.

② 2018년 의료기기 생산 금액의 2015년 대비 증가율은 {(650 - 500) / 500} × 100 = 30%이므로 옳은 설명이다.

④ 의료기기 품목 수의 전년 대비 증가율은 2019년에 {(15,700 - 15,000) / 15,000} × 100 ≒ 4.7%, 2020년에 {(16,500 - 15,700) / 15,700} × 100 ≒ 5.1%로 2020년이 2019년보다 높으므로 옳은 설명이다.

⑤ 의료기기 업체 수의 전년 대비 변화량은 2016년에 3,000 - 2,900 = 100개, 2017년에 3,200 - 2,900 = 300개, 2018년에 3,400 - 3,200 = 200개, 2019년에 3,600 - 3,400 = 200개, 2020년에 3,900 - 3,600 = 300개로 2016년에 가장 작으므로 옳은 설명이다.

13 자료해석 정답 ④

b. 제시된 기간 동안 연도별 의료기기 업체 수의 평균은 (3,000 + 2,900 + 3,200 + 3,400 + 3,600 + 3,900) / 6 ≒ 3,333개로 3,300개 이상이므로 옳은 설명이다.

c. 의료기기 생산 금액의 전년 대비 증가율은 2018년에 {(650 − 580) / 580} × 100 ≒ 12.1%, 2019년에 {(730 − 650) / 650} × 100 ≒ 12.3%, 2020년에 {(1,000 − 730) / 730} × 100 ≒ 37.0%로 2018년 이후 매년 10% 이상이므로 옳은 설명이다.

오답 체크

a. 2016년 의료기기 품목 1건당 생산 금액은 560 / 14,000 = 0.04백억 원 = 4억 원이므로 옳지 않은 설명이다.

[14-15]
14 자료해석 정답 ④

b. 2023년 일반통상 물량은 특수통상 물량의 2,530 / 270 ≒ 9.4배 이므로 옳지 않은 설명이다.

c. 2021년 전체 우편물 물량에서 소포 물량이 차지하는 비중은 (270 / 3,600) × 100 = 7.5%이므로 옳지 않은 설명이다.

오답 체크

a. 전체 우편물 십만 통당 매출액은 2022년에 2,590 / 3,404 ≒ 0.76억 원, 2023년에 2,630 / 3,136 ≒ 0.84억 원으로 2023년에 전년 대비 증가했으므로 옳은 설명이다.

> ⏱ 빠른 문제 풀이 Tip
> a. 전체 우편물 물량과 총매출액의 증감 추이를 각각 비교한다. 2023년 전체 우편물 물량은 전년 대비 감소했고, 총매출액은 전년 대비 증가했으므로 2023년 전체 우편물 십만 통당 매출액은 전년 대비 증가했음을 알 수 있다.

15 자료해석 정답 ①

제시된 기간 동안 연도별 소포 매출액의 평균은 (155 + 185 + 240 + 280) / 4 = 215억 원이므로 옳은 설명이다.

오답 체크

② 2022년 특수통상 매출액은 2년 전 대비 {(205 − 180) / 180} × 100 ≒ 13.9% 증가하였으므로 옳지 않은 설명이다.

③ 제시된 우편물 중 매출액의 전년 대비 증감 추이가 증가, 증가, 감소로 일반통상과 같은 우편물은 없으므로 옳지 않은 설명이다.

④ 제시된 기간 동안 연도별 인터넷우체국의 물량 대비 매출액 비율은 2020년에 5 / 6 ≒ 0.8, 2021년에 10 / 10 = 1.0, 2022년에 15 / 14 ≒ 1.1, 2023년에 25 / 16 ≒ 1.6으로 2023년에 가장 크므로 옳지 않은 설명이다.

⑤ 2023년 소포 물량은 3년 전 대비 320 − 240 = 80십만 통 증가했으므로 옳지 않은 설명이다.

[16-17]
16 자료해석 정답 ②

b. A 공항과 B 공항 출발 화물량의 합은 6월에 5,530 + 1,560 = 7,090톤, 7월에 5,710 + 1,680 = 7,390톤, 8월에 5,220 + 1,580 = 6,800톤으로 매월 C 공항 출발 화물량이 더 크므로 옳은 설명이다.

c. 제시된 기간 동안 F 공항 도착 화물량의 합은 총 390 + 360 + 380 = 1,130톤으로 1,100톤 이상이므로 옳은 설명이다.

오답 체크

a. 8월 도착 화물량이 6월 대비 증가한 공항은 A, B 공항으로 총 2곳이므로 옳지 않은 설명이다.

d. C 공항 도착 화물량은 7월에 6월 대비 7,850 − 7,660 = 190톤 증가하였으며, 8월에 7월 대비 7,850 − 7,040 = 810톤 감소하여 변화량은 7월이 8월보다 작으므로 옳지 않은 설명이다.

17 자료해석 정답 ④

7월 D 공항 출발 화물량은 600톤으로 같은 달 C 공항 출발 화물 중 플라스틱 제품 화물량인 7,700 × 0.08 = 616톤보다 적으므로 옳지 않은 설명이다.

오답 체크

① 7월 C 공항 출발 화물 중 기계와 디스플레이 화물량의 합은 7,700 × (0.15 + 0.12) = 2,079톤으로 2,000톤 이상이므로 옳은 설명이다.

② F 공항의 도착 화물량과 출발 화물량의 차이는 6월에 390 − 380 = 10톤, 7월에 370 − 360 = 10톤, 8월에 380 − 370 = 10톤으로 매월 10톤이므로 옳은 설명이다.

③ E 공항 도착 화물량과 출발 화물량은 각각 6월에 490톤, 580톤, 7월에 460톤, 510톤, 8월에 410톤, 480톤으로 도착 화물량이 매월 출발 화물량보다 적으므로 옳은 설명이다.

⑤ A 공항의 도착 화물량과 출발 화물량의 합은 6월에 6,000 + 5,530 = 11,530톤, 7월에 5,860 + 5,710 = 11,570톤, 8월에 6,460 + 5,220 = 11,680톤으로 가장 적은 달은 6월이므로 옳은 설명이다.

18 자료해석 정답 ⑤

성과급 = 판매 대수 × $(a − 5)^2$ + b임을 적용하여 구한다.
2021년 판매 대수는 40대이고, 성과급은 5,120만 원이므로
5,120 = 40 × $(a − 5)^2$ + b … ⓐ
2023년 판매 대수는 100대이고, 성과급은 8,960만 원이므로
8,960 = 100 × $(a − 5)^2$ + b … ⓑ
ⓑ − ⓐ에서 3,840 = 60 × $(a − 5)^2$ → a = 13
이를 ⓐ에 대입하여 정리하면
5,120 = 40 × 8^2 + b → b = 2,560
따라서 a는 13, b는 2,560인 ⑤가 정답이다.

19 자료해석　정답 ⑤

제시된 자료에 따르면 총지출 대비 투자 규모의 비중은 (투자 규모 / 총지출) × 100이므로 연도별 A 기업의 총지출 대비 투자 규모의 비중을 계산하면 다음과 같다.

구분	총지출 대비 투자 규모의 비중(%)
2017년	(14 / 200) × 100 = 7
2018년	(40 / 250) × 100 = 16
2019년	(88 / 220) × 100 = 40
2020년	(60 / 300) × 100 = 20
2021년	(98 / 280) × 100 = 35

따라서 2017년 이후 A 기업의 총지출 대비 투자 규모의 비중과 그래프의 높이가 일치하는 ⑤가 정답이다.

20 자료해석　정답 ①

A 지점 순이익의 변화를 나타내면 다음과 같다.

2019년	2020년	2021년	2022년	2023년
75	71	67	63	59

　　　-4　　-4　　-4　　-4

A 지점 순이익은 매년 4억 원씩 감소함을 알 수 있다.
B 지점 순이익의 변화를 나타내면 다음과 같다.

2019년	2020년	2021년	2022년	2023년
3	7	15	27	43

　　　+4　　+8　　+12　　+16
　　　　+4　　+4　　+4

B 지점 순이익의 전년 대비 증가액은 매년 4억 원씩 증가함을 알 수 있다.
이에 따라 A 지점과 B 지점의 2024년 이후 순이익을 계산하면 다음과 같다.

구분	A 지점	B 지점	합계
2024년	59 - 4 = 55억 원	43 + 20 = 63억 원	118억 원
2025년	55 - 4 = 51억 원	63 + 24 = 87억 원	138억 원
2026년	51 - 4 = 47억 원	87 + 28 = 115억 원	162억 원
2027년	47 - 4 = 43억 원	115 + 32 = 147억 원	190억 원
2028년	43 - 4 = 39억 원	147 + 36 = 183억 원	222억 원
2029년	39 - 4 = 35억 원	183 + 40 = 223억 원	258억 원

따라서 A 지점과 B 지점의 순이익의 합이 처음으로 250억 원 이상이 되는 해는 2029년이다.

01 언어추리　정답 ⑤

미래를 생각하는 모든 사람이 투자를 하고, 미래를 생각하는 어떤 사람이 직장인이 아니면 투자를 하면서 직장인이 아닌 사람이 반드시 존재하게 된다.
따라서 '투자를 하는 어떤 사람은 직장인이 아니다.'가 타당한 결론이다.

오답 체크

미래를 생각하는 사람을 '미', 투자를 하는 사람을 '투', 직장인을 '직'이라고 하면
① 모든 직장인은 투자를 하지 않을 수도 있으므로 반드시 참인 결론이 아니다.

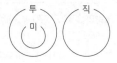

② 투자를 하는 사람 중에 직장인이 아닌 사람이 적어도 한 명 존재하므로 반드시 거짓인 결론이다.

③ 투자를 하는 사람 중에 직장인이 있을 수도 있으므로 반드시 참인 결론이 아니다.

④ 투자를 하는 모든 사람은 직장인이 아닐 수도 있으므로 반드시 참인 결론이 아니다.

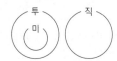

02 언어추리　정답 ①

공기청정기가 없는 모든 집에 에어 프라이어가 없다는 것은 에어 프라이어가 있는 모든 집에 공기청정기가 있다는 것이므로, 공기청정기가 있는 모든 집에 가습기가 있으면 에어 프라이어가 있는 모든 집은 가습기가 있다.
따라서 '에어 프라이어가 있는 모든 집은 가습기가 있다.'가 타당한 결론이다.

공기청정기가 있는 집을 '공', 가습기가 있는 집을 '가', 에어 프라이어가 있는 집을 '에'라고 하면

② 에어 프라이어가 있는 모든 집은 가습기가 있으므로 반드시 거짓인 결론이다.

③ 가습기가 있는 집 중에 에어 프라이어가 없는 집이 있을 수도 있으므로 반드시 참인 결론이 아니다.

④ 가습기가 없는 모든 집은 에어 프라이어가 없으므로 반드시 거짓인 결론이다.

⑤ 에어 프라이어가 없는 모든 집은 가습기가 없을 수도 있으므로 반드시 참인 결론이 아니다.

03 언어추리　　　　　　　　　　　　정답 ②

한자 자격증이 없는 모든 사람이 한국어 자격증이 없다는 것은 한국어 자격증이 있는 모든 사람이 한자 자격증이 있다는 것이므로, 한국사 자격증이 없는 모든 사람이 한국어 자격증이 있으면 한자 자격증이 없는 모든 사람은 한국사 자격증이 있다.

따라서 '한국사 자격증이 없는 모든 사람은 한국어 자격증이 있다.'가 타당한 전제이다.

한자 자격증이 있는 사람을 '자', 한국어 자격증이 있는 사람을 '어', 한국사 자격증이 있는 사람을 '사'라고 하면

①, ③ 한국어 자격증이 있는 모든 사람이 한자 자격증이 있고, 한국어 자격증이 없는 어떤 사람이 한국사 자격증이 없거나 한국어 자격증이 있는 어떤 사람이 한국사 자격증이 없으면 한자 자격증이 없는 모든 사람은 한국사 자격증이 없을 수도 있으므로 결론이 반드시 참이 되게 하는 전제가 아니다.

④ 한국어 자격증이 있는 모든 사람이 한자 자격증이 있고, 한국어 자격증이 있는 모든 사람이 한국사 자격증이 있으면 한자 자격증이 없는 모든 사람은 한국사 자격증이 없을 수도 있으므로 결론이 반드시 참이 되게 하는 전제가 아니다.

⑤ 한국어 자격증이 있는 모든 사람이 한자 자격증이 있고, 한국사 자격증이 있는 모든 사람이 한국어 자격증이 없으면 한자 자격증이 없는 모든 사람은 한국사 자격증이 없을 수도 있으므로 결론이 반드시 참이 되게 하는 전제가 아니다.

04 언어추리　　　　　　　　　　　　정답 ④

제시된 조건에 따르면 질소관을 삽입하는 칸은 네 변 중 두 변이 외곽의 벽으로 막힌 곳이어야 하므로 질소관 2개는 1번 또는 3번 또는 7번 또는 9번 칸에 삽입한다. 이에 따라 5번 칸에는 관을 삽입해야 하고, 그 관은 진공관이 아니므로 5번 칸에는 아르곤관을 삽입한다. 또한, 아르곤관 2개는 상하로 이웃하게 삽입하므로 나머지 1개는 2번 또는 8번 칸에 삽입한다. 이때 진공관을 삽입하는 칸의 번호는 아르곤관을 삽입하는 칸의 번호보다 크므로 아르곤관은 2번, 5번 칸에 삽입하고, 진공관 2개는 6번 또는 7번 또는 8번 또는 9번 칸에 삽입한다. 또한, 진공관 2개는 상하 또는 좌우로 이웃하게 삽입하지 않으므로 (6번, 7번) 또는 (6번, 8번) 또는 (7번, 9번) 칸에 삽입한다. 진공관을 삽입하는 칸에 따라 가능한 경우는 다음과 같다.

경우 1. 진공관을 6번, 7번 칸에 삽입하는 경우

질소관 또는 X	아르곤관	질소관 또는 X
X	아르곤관	진공관
진공관	X	질소관 또는 X

경우 2. 진공관을 6번, 8번 칸에 삽입하는 경우

질소관 또는 X	아르곤관	질소관 또는 X
X	아르곤관	진공관
질소관 또는 X	진공관	질소관 또는 X

경우 3. 진공관을 7번, 9번 칸에 삽입하는 경우

질소관	아르곤관	질소관
X	아르곤관	X
진공관	X	진공관

따라서 1번 칸에 질소관을 삽입하면, 가능한 경우의 수는 6가지이므로 항상 참인 설명이다.

① 송관 패널에 아무런 관도 삽입되지 않는 열이 존재하거나 존재하지 않으므로 항상 참인 설명은 아니다.

② 6번 칸에 진공관을 삽입하면, 8번 칸에는 진공관을 삽입하거나 아무런 관도 삽입하지 않으므로 항상 참인 설명은 아니다.

③ 질소관 2개를 아르곤관과 좌우로 이웃하게 삽입하면, 9번 칸에 진공관을 삽입하거나 아무런 관도 삽입하지 않으므로 항상 참인 설명은 아니다.

⑤ 질소관 1개와 진공관 1개를 상하 또는 좌우로 이웃하게 삽입하면, 가능한 경우의 수는 9가지이므로 항상 거짓인 설명이다.

05 언어추리 정답 ④

제시된 조건에 따르면 각 콘텐츠의 구독자 수는 최소 2명이고, A~D 콘텐츠의 구독자 수는 서로 다르며, D 콘텐츠의 구독자 수는 3명, A 콘텐츠의 구독자 수는 3명 이하이므로 A 콘텐츠의 구독자 수는 2명이다. 이때 A~D 콘텐츠의 구독자 수는 총 15명이므로 B와 C 콘텐츠의 구독자 수는 총 10명이고, B와 C 콘텐츠의 구독자 수는 각각 4명 또는 6명임을 알 수 있다. 또한, 갑이 구독하는 콘텐츠의 구독자 수가 가장 많으므로 갑은 B 콘텐츠 또는 C 콘텐츠를 구독하고, 병이 구독하는 콘텐츠의 구독자 수가 가장 적으므로 병은 A 콘텐츠를 구독한다. B 콘텐츠의 구독자 수에 따라 가능한 경우는 다음과 같다.

경우 1. B 콘텐츠의 구독자 수가 4명인 경우

A 콘텐츠	B 콘텐츠	C 콘텐츠	D 콘텐츠
2명	4명	6명	3명
병	을 또는 정	갑	을 또는 정

경우 2. B 콘텐츠의 구독자 수가 6명인 경우

A 콘텐츠	B 콘텐츠	C 콘텐츠	D 콘텐츠
2명	6명	4명	3명
병	갑	을 또는 정	을 또는 정

따라서 갑과 정이 구독하는 콘텐츠의 구독자 수 차이가 2명이면, 을이 구독하는 콘텐츠의 구독자 수는 3명이므로 항상 거짓인 설명이다.

① 을과 정이 구독하는 콘텐츠의 구독자 수 차이는 4 − 3 = 1명이므로 항상 참인 설명이다.

② 을이 C 콘텐츠를 구독하면, C 콘텐츠의 구독자 수는 4명이므로 항상 참인 설명이다.

③ 정이 D 콘텐츠를 구독하면, 을은 B 또는 C 콘텐츠를 구독하므로 항상 거짓인 설명은 아니다.

⑤ 가능한 경우의 수는 총 4가지이므로 항상 참인 설명이다.

06 언어추리 정답 ③

제시된 조건에 따르면 가장 작은 숫자를 받은 학생과 가장 큰 숫자를 받은 학생만 거짓을 말했으므로 자신이 가진 카드의 숫자가 가장 작다는 A의 말은 거짓이고, A가 가진 카드의 숫자가 가장 큰 숫자임을 알 수 있다. 이에 따라 B, C, D 중 한 명은 거짓을 말했고, 4명이 받은 서로 다른 숫자가 써져 있는 카드의 숫자의 합은 21이므로 거짓을 말한 사람에 따라 가능한 경우는 다음과 같다.

경우 1. B가 거짓을 말한 경우

A(최고)	B(최저)	C	D
9	2	3	7

경우 2. C가 거짓을 말한 경우

A(최고)	B	C(최저)	D
9	3	2	7

경우 3. D가 거짓을 말한 경우

A(최고)	B	C	D(최저)
9	3	7	2
9	6	4	2
8	6	4	3

따라서 D가 받은 숫자가 가장 작을 때, 가능한 경우의 수는 3가지이므로 항상 참인 설명이다.

① 4명이 받은 카드 중 가장 작은 숫자는 2 또는 3이므로 항상 참인 설명은 아니다.

② 4명이 받은 카드 중 가장 큰 숫자는 8 또는 9이므로 항상 참인 설명은 아니다.

④ C가 B보다 큰 숫자가 써져 있는 카드를 받았을 때, 가능한 경우의 수는 2가지이므로 항상 거짓인 설명이다.

⑤ 숫자 1이 써져 있는 카드를 받은 학생은 없으므로 항상 거짓인 설명이다.

07 언어추리

제시된 조건에 따르면 A는 화요일과 수요일에 회사 주차장에 주차할 수 없으므로 A의 차량번호 끝자리는 0, 1, 4, 5, 6, 9 중 하나이다. 이때 각 자리 숫자는 모두 다르고, 십의 자리 숫자는 3이며, 백의 자리 숫자는 천의 자리 숫자보다 크지만 그 차이는 2 이하이므로 백의 자리 숫자는 최대 6임을 알 수 있다. 또한, 천의 자리 숫자는 0이 아니고 각 자리 숫자의 총합은 13이므로 가능한 경우는 다음과 같다.

구분	천의 자리	백의 자리	십의 자리	일의 자리
경우 1	4	6	3	0
경우 2	4	5	3	1

따라서 A의 차량번호 끝자리는 0 또는 1로 월요일 또는 금요일에 회사 주차장에 주차할 수 있으므로 항상 거짓인 설명이다.

오답 체크

① A의 차량번호 중 천의 자리 숫자는 4이므로 항상 참인 설명이다.

② 백의 자리 숫자가 5이면, 일의 자리 숫자는 1이므로 항상 참인 설명이다.

③ 백의 자리 숫자는 천의 자리, 십의 자리, 일의 자리의 숫자보다 크므로 항상 참인 설명이다.

⑤ A는 월요일 또는 금요일에 회사 주차장에 주차할 수 있으므로 항상 거짓인 설명은 아니다.

08 언어추리

제시된 조건에 따르면 각 공연의 공연 시작 시각은 서로 다르며, 그 시각은 11시, 13시, 15시 중 하나이고, Z 아쿠아리움에서 공연이 끝나면 3시간의 정리 시간이 필요하므로 돌고래 공연과 펭귄 공연은 각각 11시 또는 15시에 시작하고, 원숭이 공연은 13시에 시작한다. 또한, B는 원숭이 공연을 관람하고, A는 가장 빠른 시작 시각의 공연을, F는 가장 늦은 시작 시각의 공연을 관람하므로 A와 F는 각각 돌고래 공연 또는 펭귄 공연을 관람하며, C, D, E는 서로 다른 공연을 관람함을 알 수 있다. 돌고래 공연 시작 시각에 따라 가능한 경우는 다음과 같다.

경우 1. 돌고래 공연이 11시에 시작하는 경우

공연명	공연 시작 시각	관람자
돌고래 공연	11시	A, C 또는 D 또는 E
원숭이 공연	13시	B, C 또는 D 또는 E
펭귄 공연	15시	F, C 또는 D 또는 E

경우 2. 돌고래 공연이 15시에 시작하는 경우

공연명	공연 시작 시각	관람자
돌고래 공연	15시	F, C 또는 D 또는 E
원숭이 공연	13시	B, C 또는 D 또는 E
펭귄 공연	11시	A, C 또는 D 또는 E

따라서 A와 D가 같은 공연을 관람하면, 가능한 경우의 수는 4가지이므로 항상 참인 설명이다.

오답 체크

① A는 돌고래 공연 또는 펭귄 공연, B는 원숭이 공연을 관람하므로 항상 거짓인 설명이다.

② C는 E보다 공연을 일찍 관람하거나 늦게 관람하므로 항상 참인 설명은 아니다.

③ F는 C 또는 D 또는 E와 같은 공연을 관람하므로 항상 참인 설명은 아니다.

④ D가 E보다 늦게 공연을 관람하면, 가능한 경우의 수는 6가지이므로 항상 거짓인 설명이다.

09 언어추리

제시된 조건에 따르면 A는 2번, 3번, 5번 전등의 스위치를 누르고, B는 연속하는 3개 숫자의 전등 스위치를 누르므로 B는 1번, 2번, 3번 전등의 스위치를 누르거나, 2번, 3번, 4번 전등의 스위치를 누르거나 3번, 4번, 5번 전등의 스위치를 누르거나 4번, 5번, 6번 전등의 스위치를 누른다. 이에 따라 B까지 전등 스위치를 눌렀을 때 가능한 경우는 다음과 같다.

구분	1번	2번	3번	4번	5번	6번
처음	X	X	X	X	X	X
A가 누른 경우	X	O	O	X	O	X
B가 1번부터 누른 경우	O	X	X	X	O	X
B가 2번부터 누른 경우	X	X	X	O	O	X
B가 3번부터 누른 경우	X	O	X	X	X	X
B가 4번부터 누른 경우	X	O	O	O	X	O

이때 C와 D는 서로 다른 2개의 전등 스위치를 각자 누르고, C와 D가 누르는 4개 전등의 숫자는 모두 다르며, 그 합은 11이므로 가능한 경우는 C와 D가 1번, 2번, 3번, 5번 전등의 스위치를 누르는 것이다. 이때 E는 모든 전등의 스위치를 누르므로 1번, 2번, 3번, 5번 전등의 상태는 B까지 누른 전등의 상태와 같고, 4번, 6번만 반대가 되므로 가능한 경우는 다음과 같다.

구분	1번	2번	3번	4번	5번	6번
B가 1번부터 누른 경우	O	X	X	O	O	O
B가 2번부터 누른 경우	X	X	X	X	O	O
B가 3번부터 누른 경우	X	O	X	X	X	O
B가 4번부터 누른 경우	X	O	O	X	X	X

이에 따라 마지막에 켜져 있을 수 있는 전등 번호는 1번, 4번, 5번, 6번이거나 5번, 6번이거나 2번, 6번이거나 2번, 3번이다.

따라서 마지막에 켜져 있을 수 있는 전등 번호의 조합이 아닌 것은 2번, 3번, 5번, 6번이다.

10 언어추리　　　　　　　　　　　정답 ⑤

제시된 조건에 따르면 6명 중 맨 앞에 선 사람은 미란이고, 준석이보다 뒤에 선 사람은 최대 1명이므로 준석이는 다섯 번째 또는 여섯 번째 순서로 줄을 섰다. 이때 혜리는 진원이보다 앞에 섰고, 영희는 미주와 인접한 순서로 줄을 섰으며, 짝수 번째 순서로 줄을 섰으므로 영희가 두 번째 순서로 줄을 섰다면 미주는 세 번째 순서로 줄을 섰고, 영희가 네 번째 순서로 줄을 섰다면 미주는 세 번째 또는 다섯 번째 순서로 줄을 섰다. 영희가 줄을 선 순서에 따라 가능한 경우는 다음과 같다.

경우 1. 영희가 두 번째 순서로 줄을 섰을 경우

첫 번째	두 번째	세 번째	네 번째	다섯 번째	여섯 번째
미란	영희	미주	혜리	준석 또는 진원	준석 또는 진원

경우 2. 영희가 네 번째 순서로 줄을 섰을 경우

첫 번째	두 번째	세 번째	네 번째	다섯 번째	여섯 번째
미란	혜리	미주	영희	준석 또는 진원	준석 또는 진원
		진원		미주	준석

따라서 진원이와 영희 순서 사이에 선 사람이 1명이면, 혜리는 두 번째 순서로 줄을 섰으므로 항상 참인 설명이다.

오답 체크

① 5명이 줄을 선 경우의 수는 총 5가지이므로 항상 거짓인 설명이다.

② 혜리와 준석이 순서 사이에 선 사람은 없거나 1명 또는 2명 또는 3명이므로 항상 참인 설명은 아니다.

③ 미주가 세 번째 순서로 줄을 섰다면 진원이는 다섯 번째 또는 여섯 번째 순서로 줄을 섰고, 미주가 다섯 번째 순서로 줄을 섰다면 진원이는 세 번째 순서로 줄을 섰으므로 항상 참인 설명은 아니다.

④ 미주가 세 번째 순서로 줄을 섰다면, 영희는 두 번째 또는 네 번째 순서로 줄을 섰으므로 항상 참인 설명은 아니다.

11 언어추리　　　　　　　　　　　정답 ⑤

제시된 조건에 따르면 5명은 아메리카노, 카페라테, 에스프레소 중 1개를 주문했으며, 각 음료는 최대 2명이 주문했으므로 아메리카노, 카페라테, 에스프레소를 주문한 사람 수의 구성은 1명, 2명, 2명이다. 이때 B는 에스프레소를 주문했고, 카페라테를 주문한 사람은 D 또는 E이며, A와 C는 같은 음료를 주문했으므로 아메리카노를 주문했다. 이에 따라 C가 주문한 음료가 가장 비싸므로 3개 음료 중 아메리카노가 가장 비싸다. 카페라테를 주문한 사람 수에 따라 가능한 경우는 다음과 같다.

경우 1. 카페라테를 주문한 사람이 1명인 경우

구분	아메리카노	카페라테	에스프레소
가격	첫 번째	두 번째	세 번째
주문한 사람	A, C	D 또는 E	B, D 또는 E

경우 2. 카페라테를 주문한 사람이 2명인 경우

구분	아메리카노	카페라테	에스프레소
가격	첫 번째	두 번째	세 번째
주문한 사람	A, C	D, E	B

따라서 E가 3개 음료 중 가격이 가장 싼 음료를 주문했다면, 카페라테를 주문한 사람은 D 1명이므로 항상 거짓인 설명이다.

오답 체크

① 아메리카노를 주문한 사람은 A, C 2명이므로 항상 참인 설명이다.

② B와 같은 음료를 주문한 사람은 없거나 D 또는 E 1명이므로 항상 거짓인 설명은 아니다.

③ D와 같은 음료를 주문한 사람은 B 또는 E 1명이거나 아무도 없으므로 항상 거짓인 설명은 아니다.

④ 가격이 두 번째로 비싼 카페라테를 주문한 사람은 1명 또는 2명이므로 항상 거짓인 설명은 아니다.

12 언어추리　　　　　　　　　　　정답 ⑤

제시된 조건에 따르면 6명 중 1인석에 앉는 사람은 총 2명이므로 2인석에 앉는 사람은 총 4명이다. 이때 C는 2인석 맨 뒷줄에 앉고, F는 2인석 창가 쪽에 앉으며 맨 뒷줄에 앉는 E 바로 앞 좌석에 앉는 사람은 B이므로 1인석에 앉는 사람은 B와 E이거나 A와 D이다. 또한, C와 F는 바로 옆 좌석에 앉는 사람이 있으므로 2인석 중 한 줄은 비어있음을 알 수 있다. 1인석에 앉는 사람에 따라 가능한 경우는 다음과 같다.

경우 1. 1인석에 B와 E가 앉는 경우

X		D	F	
B	복도	X	X	창가
E		A 또는 C	A 또는 C	

경우 2. 1인석에 A와 D가 앉는 경우

D		X	X	
X	복도	B	F	창가
A		E	C	

따라서 C 바로 앞 좌석에 앉는 사람이 있으면, A는 1인석에 앉으므로 항상 참인 설명이다.

① 복도 쪽에 앉는 사람은 4명이므로 항상 거짓인 설명이다.

② F 바로 뒷 좌석에 앉는 사람은 없거나 C이므로 항상 참인 설명은 아니다.

③ D가 1인석에 앉으면, B 바로 옆 좌석에 F가 앉으므로 항상 거짓인 설명이다.

④ E가 1인석에 앉으면, A는 창가 쪽 또는 복도 쪽에 앉으므로 항상 참인 설명은 아니다.

13 언어추리 정답 ①

제시된 조건에 따르면 신입사원 7명 중 1명만 인천으로 출장을 가고, 신입사원 중 2명이 서울로 출장을 가므로 신입사원 7명 중 1명은 인천, 2명은 서울, 4명은 경기로 출장을 간다. 또한, A, B, C가 출장을 가는 지역은 모두 서로 다르므로 나머지 D, E, F, G 중 1명은 서울, 3명은 경기로 출장을 간다. 이때 D는 경기로 출장을 가지 않으므로 D는 서울, E, F, G는 경기로 출장을 가고, C는 서울로 출장을 가지 않으므로 경기 또는 인천으로 출장을 간다. 이에 따라 7명이 출장을 가는 지역으로 가능한 경우는 다음과 같다.

구분	A	B	C	D	E	F	G
경우 1	서울	인천	경기	서울	경기	경기	경기
경우 2	인천	서울	경기				
경우 3	서울	경기	인천				
경우 4	경기	서울	인천				

따라서 D는 서울, G는 경기로 출장을 가므로 항상 거짓인 설명이다.

② A는 서울 또는 경기 또는 인천으로 출장을 가고, F는 경기로 출장을 가므로 항상 거짓인 설명은 아니다.

③ 출장을 가는 지역이 확실히 결정되는 신입사원은 D, E, F, G 4명이므로 항상 참인 설명이다.

④ A가 인천으로 출장을 가면, B와 D는 서울로 출장을 가므로 항상 참인 설명이다.

⑤ C가 경기로 출장을 가면, A는 서울 또는 인천, D는 서울로 출장을 가므로 항상 거짓인 설명은 아니다.

14 언어추리 정답 ③

제시된 조건에 따르면 마 상품과 사 상품은 반드시 선물하고, 마 상품을 선물하면 라 상품과 아 상품은 선물하지 않는다. 이때 나 상품이나 바 상품을 선물하면 사 상품은 선물하지 않으므로 사 상품을 선물하면 나 상품과 바 상품은 선물하지 않는다. 이에 따라 나 상품을 선물하지 않으면 가 상품과 자 상품은 반드시 선물하므로 A 사가 고객에게 선물한 상품은 가, 마, 사, 자 4개와 다 또는 차 중 1개이다. 따라서 자 상품을 선물하므로 항상 참인 설명이다.

① 나 상품을 선물하지 않으므로 항상 거짓인 설명이다.

② 다 상품을 선물하거나 선물하지 않으므로 항상 참인 설명은 아니다.

④ 가 상품을 선물하므로 항상 거짓인 설명이다.

⑤ 차 상품을 선물하거나 선물하지 않으므로 항상 참인 설명은 아니다.

15 도형추리 정답 ⑤

각 열에서 다음 행에 제시된 도형은 이전 행에 제시된 도형을 반시계 방향으로 90˚ 회전한 형태이다.

 반시계 90˚

[2행 3열] [3행 3열]

따라서 '?'에 해당하는 도형은 ⑤이다.

16 도형추리 정답 ④

각 행에서 다음 열에 제시된 도형은 이전 열에 제시된 도형을 시계 방향으로 90˚ 회전한 다음 위로 한 칸씩 이동한 형태이다.

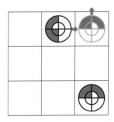

따라서 '?'에 해당하는 도형은 ④이다.

17 도형추리 정답 ④

각 행에서 3열에 제시된 도형은 1열과 2열에 제시된 도형을 결합한 후 색반전한 형태이다.

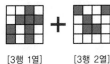 결합 색반전

[3행 1열] [3행 2열] [3행 3열]

따라서 '?'에 해당하는 도형은 ④이다.

□: 두 번째, 세 번째 문자(숫자)의 자리를 서로 바꾼다.
ex. abcd → acbd

▲: 문자와 숫자 순서에 따라 첫 번째, 네 번째 문자(숫자)를 바로 다음 순서에 오는 문자(숫자)로, 두 번째, 세 번째 문자(숫자)를 바로 이전 순서에 오는 문자(숫자)로 변경한다.
ex. abcd → babe (a+1, b-1, c-1, d+1)

○: 첫 번째 문자(숫자)를 두 번째 자리로, 두 번째 문자(숫자)를 세 번째 자리로, 세 번째 문자(숫자)를 첫 번째 자리로 이동시킨다.
ex. abcd → cabd

★: 문자와 숫자 순서에 따라 첫 번째 문자(숫자)를 바로 다음 순서에 오는 문자(숫자)로, 두 번째 문자(숫자)를 이전 두 번째 순서에 오는 문자(숫자)로, 세 번째 문자(숫자)를 다음 세 번째 순서에 오는 문자(숫자)로, 네 번째 문자(숫자)를 이전 네 번째 순서에 오는 문자(숫자)로 변경한다.
ex. abcd → bzfz (a+1, b-2, c+3, d-4)

18 도식추리 　　　　　정답 ④

79YO → ○ → Y79O → ▲ → Z68P

19 도식추리 　　　　　정답 ①

CH5Y → ▲ → DG4Z → ★ → EE7V → ○ →
7EEV

20 도식추리 　　　　　정답 ③

V2N8 → □ → VN28 → ★ → WL54

21 도식추리 　　　　　정답 ④

VUXD → ★ → WSAZ → ▲ → XRZA → □ →
XZRA

22 문단배열 　　　　　정답 ④

이 글은 프랑스의 루이 15세에게 복권사업을 제시하여 부귀영화를 얻은 카사노바의 사례를 제시하고, 역사적으로 복권사업이 재원 조달 수단으로 활용되었음을 설명하는 글이다.
따라서 '(D) 탈옥으로 프랑스 상류사회에서 인기를 얻은 카사노바 → (B) 퐁파두르 부인을 통해 루이 15세에게 복권사업을 제시하는 데에 성공한 카사노바 → (A) 복권사업을 통해 재정적자를 극복한 루이 15세 → (C) 오늘날에도 복권사업이 활용되고 있는 이유' 순으로 연결되어야 한다.

23 문단배열 　　　　　정답 ④

이 글은 아판타시아 증상을 설명하고, 애덤 제먼이 해당 증상을 겪는 환자를 발견하면서 아판타시아가 알려지게 되었고, 일부 사람들이 아판타시아를 겪는 것으로 추정되지만, 원인을 추측만 할 뿐 정확히 알 수가 없어 추가적인 연구의 필요성에 대해 설명하는 글이다.
따라서 '(C) 아판타시아의 증상 → (A) 증상을 보이는 환자를 발견한 이후 알려지게 된 아판타시아 → (D) 전 세계 인구의 2~3%가 겪는 아판타시아 → (B) 현재 추정되는 아판타시아의 원인' 순으로 연결되어야 한다.

24 논리추론 　　　　　정답 ③

발생주의 회계는 거래가 이루어진 특정 기간의 거래 내용만 장부에 기록하여 영업 활동에 대한 기록 또는 현금의 유·출입과 완벽히 일치하지 않는다고 하였으므로 영업 활동에 대한 기록을 확인하고 싶을 경우 발생주의 회계를 활용해야 한다는 것은 옳지 않은 내용이다.

오답 체크

① 현금주의 회계는 대개 소기업이나 의사, 회계사, 변호사 등의 전문 직종에서 활용한다고 하였으므로 옳은 내용이다.

② 발생주의 회계는 수익 및 비용 원칙에 합리적으로 대응할 수 있도록 한다고 하였으므로 옳은 내용이다.

④ 현금주의 회계에서는 단순히 현금을 받고 지급한 시점을 기준으로 장부를 작성하게 된다고 하였으므로 옳은 내용이다.

⑤ 우리나라 기업 회계 기준에서는 발생주의 회계를 기준으로 한다고 하였으므로 옳은 내용이다.

25 논리추론 　　　　　정답 ③

연구에 따르면 무족영원은 생태계의 일원으로서 자신보다 작은 동물을 잡아먹고 큰 동물에게 잡아 먹히는 것으로 보여 환경이나 생태계에 위험한 영향을 미치지 않는 동물이라고 하였으므로 무족영원이 자신보다 큰 동물을 잡아먹는 생태계 파괴종이라는 것은 옳지 않은 내용이다.

오답 체크

① 무족영원의 크기는 10cm부터 15m에 이르기까지 매우 다양하다고 하였으므로 옳은 내용이다.

② 고생대 말인 2억 5000만 년 전 남아메리카, 호주, 아프리카, 남극이 하나로 뭉쳐있었다고 하였으므로 옳은 내용이다.

④ 무족영원은 지구상에 공룡이 존재할 당시부터 살아가던 원시 양서류라고 하였으므로 옳은 내용이다.

⑤ 무족영원은 지렁이와 유사한 형태이지만 지렁이처럼 마디는 존재하지 않는다고 하였으므로 옳은 내용이다.

26 논리추론   정답 ⑤

비트의 칼로리는 100g당 30kcal에 불과하다고 하였으므로 비트 500g을 먹었다면 150kcal를 섭취했음을 추론할 수 있다.

오답 체크

① 비트의 8%를 구성하는 염소 성분은 유아 발육에 도움을 준다고 하였으므로 옳지 않은 내용이다.

② 비트는 뿌리보다 녹색 부분에 영양소가 더 많이 함유되어 있다고 하였으므로 옳지 않은 내용이다.

③ 비트의 지상 부분은 완전히 자라기 전에는 샐러드로, 완전히 자랐을 때에는 조리해서 먹으면 좋다고 하였으므로 옳지 않은 내용이다.

④ 비트는 재배가 비교적 쉬운 편이라 외국에서는 집에서도 키울 만큼 인기가 많다고 하였으므로 옳지 않은 내용이다.

27 논리추론   정답 ④

가상 인플루언서는 현실상에 존재하지 않는 인물이기 때문에 대중이 쉽게 공감하지 못하기도 한다고 하였으므로 버추얼 인플루언서가 SNS상에서도 직접 활동한다는 점에서 대중이 쉽게 공감할 수 있는 대상이라는 것은 옳지 않은 내용이다.

오답 체크

① 오늘날에는 기술 발전으로 실제 사람이라고 해도 믿을 만큼 정교한 가상인간을 구현할 수 있게 되었다고 하였으므로 옳은 내용이다.

② 가상 인플루언서 또는 버추얼 인플루언서는 SNS나 동영상 플랫폼과 같이 인터넷상에서 강력한 영향력을 드러낸다고 하였으므로 옳은 내용이다.

③ 사이버 가수인 아담이 노래를 발매해 큰 화제를 모았으며, 가상세계 캐릭터인 아담은 최초의 사이버 가수로서 많은 인기를 누렸다고 하였으므로 옳은 내용이다.

⑤ 최근에는 가상 인플루언서가 엔터테인먼트, 마케팅 등에서 적극 활용되며, 실제 사람과 달리 사생활 논란 등이 발생할 여지가 없어 리스크 관리에도 용이하다고 하였으므로 옳은 내용이다.

28 논리추론   정답 ③

제시된 글의 필자는 세이버메트릭스 지표 중 WAR은 선수가 기록한 타격, 수비 등 모든 성적이 반영되어 산출되고, 리그별 특성 및 구장 요소까지 반영된다는 점에서 객관적 판단을 가능하게 하므로 WAR을 선수 평가 및 연봉 책정 시 주요 지표로 활용해야 한다고 주장하고 있다.

따라서 선수의 연봉을 결정할 때에는 실력뿐만 아니라 시장 상황, 구단 매출 등의 여러 외부적 요소도 함께 고려해야 한다는 반박이 타당하다.

29 논리추론   정답 ④

이 글은 통신 서비스 이용 시 발생하는 데이터를 가까운 서버에서 처리하는 에지 컴퓨팅에 대한 내용이고, <보기>는 클라우드 컴퓨팅은 2010년대 데이터 트렌드였으나 중앙 서버에 데이터가 집중될 경우 제 역할을 하기 어렵다는 내용이다.

따라서 IoT 제품을 효율적으로 활용하기 위해서는 클라우드 컴퓨팅보다는 에지 컴퓨팅을 활용해야 함을 알 수 있다.

30 논리추론   정답 ④

이 글은 인간에게는 거울 뉴런이 있어 행동의 모방이나 감정의 공감, 타인의 마음 이해 등을 할 수 있다는 내용이고, <보기>는 인간은 모방 학습을 하기 때문에 모델의 행동을 따라 하거나 모델의 행동에 순응하여 자신의 행동으로 표현하게 되며, 이때의 모방은 긍정적이고 일상적인 행동뿐만 아니라 공격적이고 부정적인 행동에 대해서도 이루어진다는 내용이다.

따라서 어린아이가 부모의 부정적인 행동을 따라 하는 것은 거울 뉴런의 영향으로 인한 모방 학습의 결과임을 알 수 있다.

기출동형모의고사 3회

정답

수리논리

01 응용계산	02 응용계산	03 자료해석	04 자료해석	05 자료해석	06 자료해석	07 자료해석	08 자료해석	09 자료해석	10 자료해석
①	⑤	⑤	④	⑤	②	①	④	④	④

11 자료해석	12 자료해석	13 자료해석	14 자료해석	15 자료해석	16 자료해석	17 자료해석	18 자료해석	19 자료해석	20 자료해석
④	③	⑤	②	②	③	②	③	④	④

추리

01 언어추리	02 언어추리	03 언어추리	04 언어추리	05 언어추리	06 언어추리	07 언어추리	08 언어추리	09 언어추리	10 언어추리
④	②	③	③	①	④	④	⑤	④	⑤

11 언어추리	12 언어추리	13 언어추리	14 언어추리	15 도형추리	16 도형추리	17 도형추리	18 도식추리	19 도식추리	20 도식추리
⑤	③	②	③	②	①	⑤	④	①	③

21 도식추리	22 문단배열	23 문단배열	24 논리추론	25 논리추론	26 논리추론	27 논리추론	28 논리추론	29 논리추론	30 논리추론
④	⑤	③	⑤	②	②	③	②	④	②

취약 유형 분석표

유형별로 맞힌 개수, 틀린 문제 번호와 풀지 못한 문제 번호를 적고 나서 취약한 유형이 무엇인지 파악해 보세요.
취약한 유형은, 틀린 문제 및 풀지 못한 문제를 다시 풀어보면서 확실히 극복하세요.

수리논리

유형	맞힌 개수	틀린 문제 번호	풀지 못한 문제 번호
응용계산	/2		
자료해석	/18		
TOTAL	**/20**		

추리

유형	맞힌 개수	틀린 문제 번호	풀지 못한 문제 번호
언어추리	/14		
도형추리	/3		
도식추리	/4		
문단배열	/2		
논리추론	/7		
TOTAL	**/30**		

합계

영역	제한 시간 내에 푼 문제 수	정답률
수리논리	/20	%
추리	/30	%
TOTAL	**/50**	**%**

해설

01 응용계산   정답 ①

운동복 1벌의 원가를 x라고 하면

운동복 1벌과 신발 1켤레의 원가의 합은 4만 원이므로 신발 1켤레의 원가는 $4-x$이다. 이에 따라 운동복 1벌은 원가의 40%, 신발 1켤레는 원가의 20% 이윤을 남겨 정가를 책정했으므로 운동복 1벌의 이윤은 $0.4x$, 신발 1켤레의 이윤은 $0.2 \times (4-x)$이다. 이때 운동복 1벌과 신발 1켤레를 판매하면 남는 이윤이 25%인 $4 \times 0.25 = 1$만 원이므로

$0.4x + 0.2 \times (4-x) = 1 \rightarrow 0.2x = 0.2 \rightarrow x = 1$

따라서 운동복 1벌의 원가는 1만 원이다.

02 응용계산   정답 ⑤

서로 다른 n개에서 순서를 고려하지 않고 r개를 뽑는 경우의 수 $_nC_r = \dfrac{n!}{r!(n-r)!}$임을 적용하여 구한다.

9명 중 4명을 뽑아 팀을 구성하려고 할 때, 여자와 남자가 각각 최소 1명씩은 포함될 확률은 전체 확률 1에서 4명의 성별이 모두 같을 확률을 뺀 것과 같다. 이때 9명 중 4명을 뽑는 경우의 수는 $_9C_4 = \dfrac{9!}{4!5!} = 126$가지이고, 뽑은 4명의 성별이 모두 같은 경우의 수는 $_4C_4 + _5C_4 = 1 + \dfrac{5!}{4!1!} = 1 + 5 = 6$가지이므로 4명의 성별이 모두 같을 확률은 $\dfrac{6}{126} = \dfrac{1}{21}$이다.

따라서 9명 중 4명을 뽑아 팀을 구성하려고 할 때, 여자와 남자가 각각 최소 1명씩은 포함될 확률은 $1 - \dfrac{1}{21} = \dfrac{20}{21}$이다.

03 자료해석   정답 ⑤

2020년 119 구조대 조직대수의 상위 3개 본부는 서울특별시, 경기도, 전라남도이고, 편성 인원수의 상위 3개 본부는 서울특별시, 경기도, 강원도이므로 옳지 않은 설명이다.

오답 체크

① 제시된 모든 본부에서 2020년 119 구조대 조직대수는 전년 대비 감소하였거나 전년도와 동일하므로 옳은 설명이다.

② 2020년 중앙 본부의 119 구조대 편성 인원수는 전년 대비 $\{(407 - 353) / 407\} \times 100 ≒ 13.3\%$ 감소하였으므로 옳은 설명이다.

③ 부산광역시와 대구광역시 본부의 평균 119 구조대 편성 인원수는 2018년에 $(244 + 226) / 2 = 235$명, 2019년에 $(284 + 233) / 2 = 258.5$명으로 2019년이 2018년보다 $258.5 - 235 = 23.5$명 더 많으므로 옳은 설명이다.

④ 2019년 이후 경상북도와 경상남도 본부의 119 구조대 편성 인원수는 모두 매년 전년 대비 증가하였으므로 옳은 설명이다.

04 자료해석   정답 ④

변동금리 가계대출 보유자 수는 2016년에 $1,500 \times 0.42 = 630$천 명, 2017년에 $2,000 \times 0.52 = 1,040$천 명, 2018년에 $1,800 \times 0.75 = 1,350$천 명, 2019년에 $2,050 \times 0.6 = 1,230$천 명, 2020년에 $2,300 \times 0.45 = 1,035$천 명, 2021년에 $2,900 \times 0.8 = 2,320$천 명으로 2017년 이후 변동금리 가계대출 보유자 수의 전년 대비 증가 인원이 가장 많은 해는 전년 대비 $2,320 - 1,035 = 1,285$천 명 증가한 2021년이므로 옳은 설명이다.

오답 체크

① 2017년 이후 가계대출 보유자 수가 전년 대비 감소한 2018년에 가계대출 보유자 수는 고정금리가 변동금리보다 $1,800 \times (0.75 - 0.25) = 900$천 명 더 적으므로 옳지 않은 설명이다.

② 고정금리 가계대출 보유자 수는 2020년에 $2,300 \times 0.55 = 1,265$천 명, 2021년에 $2,900 \times 0.2 = 580$천 명으로 2020년이 2021년의 $1,265 / 580 ≒ 2.2$배이므로 옳지 않은 설명이다.

③ 고정금리 가계대출 비중이 변동금리 가계대출 비중보다 높은 2016년과 2020년에 변동금리 가계대출 보유자 수는 총 $(1,500 \times 0.42) + (2,300 \times 0.45) = 630 + 1,035 = 1,665$천 명이므로 옳지 않은 설명이다.

⑤ 2019년 고정금리 가계대출 보유자 비중의 전년 대비 증가율은 $\{(40 - 25) / 25\} \times 100 = 60\%$로 2019년 변동금리 가계대출 보유자 비중의 전년 대비 감소율인 $\{(75 - 60) / 75\} \times 100 = 20\%$의 $60 / 20 = 3$배이므로 옳지 않은 설명이다.

05 자료해석   정답 ⑤

전체 교원 수 = 비정규직 노동자 수 × 100 / 전체 교원 수 대비 비정규직 노동자 수의 비중임을 적용하여 구한다.

전체 교원 수는 2016년에 $16,000 / 10 = 1,600$명, 2017년에 $18,000 / 8 = 2,250$명, 2018년에 $29,700 / 6 = 4,950$명, 2019년에 $39,600 / 10 = 3,960$명, 2020년에 $32,900 / 7 = 4,700$명, 2021년에 $45,600 / 15 = 3,040$명이다. 이에 따라 2017년부터 2021년까지 전체 교원 수가 가장 많은 해는 2018년이다.

따라서 2018년 전체 교원 수의 전년 대비 증감률은 $\{(4,950 - 2,250) / 2,250\} \times 100 = 120\%$이다.

06 자료해석　　　　　　　　　　정답 ②

2023년 상반기 자동차 판매량이 전년 동 반기 대비 감소한 브랜드의 감소율은 A 브랜드가 $\{(180-144)/180\} \times 100 = 20\%$, B 브랜드가 $\{(200-150)/200\} \times 100 = 25\%$, C 브랜드가 $\{(150-105)/150\} \times 100 = 30\%$, F 브랜드가 $\{(40-34)/40\} \times 100 = 15\%$, H 브랜드가 $\{(40-32)/40\} \times 100 = 20\%$로 C 브랜드가 가장 높으므로 옳지 않은 설명이다.

오답 체크

① H 브랜드의 전체 자동차 판매량은 2021년에 $50+70=120$만 대, 2021년에 $32+85=117$만 대로 2023년에 2년 전 대비 $120-117=3$만 대 감소하였으므로 옳은 설명이다.

③ 2022년 상반기 자동차 판매량이 다른 브랜드에 비해 가장 많은 B 브랜드의 2022년 전체 자동차 판매량은 전년 대비 $\{(320-205)/205\} \times 100 = 56\%$ 증가하였으므로 옳은 설명이다.

④ 2021년 전체 자동차 판매량에서 상반기보다 하반기 자동차 판매량이 차지하는 비중이 더 큰 E, F, G, H 브랜드의 2021년 하반기 자동차 판매량은 총 $85+30+60+70=245$만 대이므로 옳은 설명이다.

⑤ 2023년 하반기 자동차 판매량의 전년 동 반기 대비 증가율은 C 브랜드가 $\{(96-80)/80\} \times 100 = 20\%$, E 브랜드가 $\{(84-70)/70\} \times 100 = 20\%$로 C 브랜드와 E 브랜드가 같으므로 옳은 설명이다.

07 자료해석　　　　　　　　　　정답 ①

관리비 + 판매비 = 매출 총이익 - 영업이익임을 적용하여 구한다.
2022년 관리비와 판매비의 총합은 1분기에 $2,100-1,400=700$억 원, 2분기에 $2,550-2,000=550$억 원, 3분기에 $1,550-1,050=500$억 원, 4분기에 $4,420-3,200=1,220$억 원이고, 2023년 관리비와 판매비의 총합은 1분기에 $2,500-1,600=900$억 원, 2분기에 $3,900-3,200=700$억 원, 3분기에 $2,000-1,200=800$억 원, 4분기에 $3,500-2,000=1,500$억 원이다. 이에 따라 2023년 분기별 관리비와 판매비의 총합의 전년 동 분기 대비 증가액은 1분기에 $900-700=200$억 원, 2분기에 $700-550=150$억 원, 3분기에 $800-500=300$억 원, 4분기에 $1,500-1,220=280$억 원으로 3분기에 가장 크다. 이때 2023년 전체 영업이익은 $1,600+3,200+1,200+2,000=8,000$억 원이고, 3분기 영업이익은 $1,200$억 원이다. 따라서 2023년 3분기 영업이익이 2023년 전체 영업이익에서 차지하는 비중은 $(1,200/8,000) \times 100 = 15\%$이다.

08 자료해석　　　　　　　　　　정답 ④

2020년 매출액은 내과가 $4,554/1.1=4,140$백만 원, 외과가 $6,006/0.7=8,580$백만 원, 피부과가 $9,072/1.2=7,560$백만 원, 치과가 $10,395/1.1=9,450$백만 원, 산부인과가 $4,104/0.95=4,320$백만 원, 성형외과가 $32,760/1.3=25,200$백만 원, 이비인후과가 $3,300/0.6=5,500$백만 원으로 내과가 가장 작으므로 옳지 않은 설명이다.

오답 체크

① 치과의 매출액은 2021년에 $10,395$백만 원, 2018년에 $\{(10,395/1.1)/1.05\}/0.9=10,000$백만 원으로 2021년 치과의 매출액은 2018년 대비 $10,395-10,000=395$백만 원 증가하였으므로 옳은 설명이다.

② 2018년 매출액은 내과가 $\{(4,554/1.1)/0.8\}/1.15=4,500$백만 원, 이비인후과가 $\{(3,300/0.6)/1.1\}/1.25=4,000$백만 원으로 내과가 이비인후과보다 크므로 옳은 설명이다.

③ 2018년 매출액은 내과가 $\{(4,554/1.1)/0.8\}/1.15=4,500$백만 원, 외과가 $\{(6,006/0.7)/1.1\}/1.3=6,000$백만 원, 피부과가 $\{(9,072/1.2)/0.9\}/1.2=7,000$백만 원, 치과가 $\{(10,395/1.1)/1.05\}/0.9=10,000$백만 원, 산부인과가 $\{(4,104/0.95)/0.8\}/0.9=6,000$백만 원, 성형외과가 $\{(32,760/1.3)/1.4\}/1.2=15,000$백만 원, 이비인후과가 $\{(3,300/0.6)/1.1\}/1.25=4,000$백만 원으로 이비인후과가 가장 작으므로 옳은 설명이다.

⑤ 성형외과 매출액은 2018년에 $\{(32,760/1.3)/1.4\}/1.2=15,000$백만 원, 2019년에 $(32,760/1.3)/1.4=18,000$백만 원으로 2019년에 전년 대비 $18,000-15,000=3,000$백만 원 증가하였으므로 옳은 설명이다.

09 자료해석　　　　　　　　　　정답 ④

2019년 다문화 신혼부부의 남편 출신 국적의 순위가 전년 대비 상승한 국적은 캐나다와 캄보디아이며, 2019년 남편 인원수의 전년 대비 변화량은 캐나다가 $970-929=41$명이고, 캄보디아는 $417-279=138$명을 초과함을 알 수 있다. 이에 따라 2019년 남편 인원수의 전년 대비 변화량이 가장 큰 국적은 캄보디아이다.
따라서 2019년 캄보디아의 다문화 신혼부부인 남편과 아내의 총 인원수는 $417+2,556=2,973$명이다.

[10-11]

10 자료해석   정답 ④

a. 2023년 회사별 전체 반도체 불량 건수에서 이미지센서 불량 건수가 차지하는 비중은 A 사가 $(14,670/61,000) \times 100 ≒ 24.0\%$, B 사가 $(15,500/52,700) \times 100 ≒ 29.4\%$로 B 사가 A 사보다 크므로 옳지 않은 설명이다.

c. 제시된 기간 중 B 사의 SSD 불량 건수 대비 A 사의 SSD 불량 건수의 비율은 2019년에 $1,220/1,200 ≒ 1.02$, 2020년에 $1,280/1,240 ≒ 1.03$, 2021년에 $1,140/1,230 ≒ 0.93$, 2022년에 $1,060/1,200 ≒ 0.88$, 2023년에 $850/1,160 ≒ 0.73$으로 2020년에 가장 크므로 옳지 않은 설명이다.

오답 체크

b. 2022년 B 사의 디스플레이 IC 불량 건수는 전년 대비 $\{(23,820 - 21,540)/21,540\} \times 100 ≒ 10.6\%$ 증가하였으므로 옳은 설명이다.

⏱ 빠른 문제 풀이 Tip

a. 2023년 이미지센서 불량 건수는 B 사가 A 사보다 더 많고, 2023년 전체 반도체 불량 건수는 A 사가 B 사보다 더 많으므로 2023년 전체 반도체 불량 건수에서 이미지센서 불량 건수가 차지하는 비중은 B 사가 더 큼을 알 수 있다.

c. 제시된 기간 중 SSD 불량 건수가 B 사보다 A 사가 더 큰 2019년과 2020년만 비교한다.
B 사의 SSD 불량 건수 대비 A 사의 SSD 불량 건수의 비율에서 분자인 B 사의 SSD 불량 건수와 분모인 A 사의 SSD 불량 건수의 차이는 2019년에 $1,220 - 1,200 = 20$건, 2020년에 $1,280 - 1,240 = 40$건으로 2020년이 2019년의 2배이지만, 분모인 B 사의 불량 건수는 2020년이 2019년의 $1,240/1,200 ≒ 1.03$배로 2배 미만이므로 B 사의 SSD 불량 건수 대비 A 사의 SSD 불량 건수의 비율은 2019년보다 2020년에 더 큼을 알 수 있다.

11 자료해석   정답 ④

2019년 A 사의 전체 반도체 불량 건수에서 SSD 불량 건수가 차지하는 비중은 $(1,220/61,000) \times 100 = 2\%$이므로 옳은 설명이다.

오답 체크

① 제시된 기간 동안 A 사의 전체 반도체 불량 건수가 가장 많은 2022년에 A 사의 DRAM 불량 건수는 전년 대비 $16,620 - 15,940 = 680$건 증가하였으므로 옳지 않은 설명이다.

② 2022년 B 사의 전체 반도체 불량 건수의 전년 대비 증가율은 $\{(52,600 - 49,600)/49,600\} \times 100 ≒ 6.0\%$로 5% 이상이므로 옳지 않은 설명이다.

③ 2022년 A 사의 디스플레이 IC 불량 건수는 A 사의 이미지센서 불량 건수의 $30,610/14,710 ≒ 2.1$배로 2배 이상이므로 옳지 않은 설명이다.

⑤ 2020년 이후 B 사의 반도체 종류별 불량 건수가 전년 대비 꾸준히 증가한 반도체 종류는 DRAM뿐이므로 옳지 않은 설명이다.

[12-13]

12 자료해석   정답 ③

제시된 건물 용도의 전체 지역난방 사용량에서 공동주택의 지역난방 사용량이 차지하는 비중은 2022년에 $(2,052/2,352) \times 100 ≒ 87\%$, 2023년에 $(2,128/2,433) \times 100 ≒ 87\%$이므로 옳은 설명이다.

오답 체크

① 2023년 제시된 건물 용도의 전체 건물 에너지 사용량은 전년 대비 $\{(31,010 - 30,824)/31,010\} \times 100 ≒ 0.6\%$ 감소하였으므로 옳지 않은 설명이다.

② 2023년 건물 에너지 사용량의 전년 대비 감소율은 판매시설이 $\{(831 - 750)/831\} \times 100 ≒ 9.7\%$, 숙박시설이 $\{(702 - 620)/702\} \times 100 ≒ 11.7\%$로 판매시설이 숙박시설보다 낮으므로 옳지 않은 설명이다.

④ 2023년 전기 사용량이 1,000천 TOE 미만인 판매시설, 공장, 숙박시설, 의료시설의 2023년 용도별 평균 전기 사용량은 $(560 + 831 + 387 + 375)/4 ≒ 538$천 TOE이므로 옳지 않은 설명이다.

⑤ 2023년 도시가스 사용량이 1,000천 TOE 이상인 건물 용도는 공동주택, 단독주택, 근린생활시설이며, 2023년 근린생활시설의 도시가스 사용량은 전년 대비 감소하였으므로 옳지 않은 설명이다.

13 자료해석   정답 ⑤

제시된 건물 용도 중 2023년 전기 사용량이 도시가스 사용량보다 적은 건물 용도는 공동주택과 단독주택이고, 공동주택과 단독주택의 총 전기 사용량은 2022년에 $4,616 + 2,587 = 7,203$천 TOE, 2023년에 $4,768 + 2,542 = 7,310$천 TOE이다.

따라서 공동주택과 단독주택의 2023년 총 전기 사용량의 전년 대비 증감률은 $\{(7,310 - 7,203)/7,203\} \times 100 ≒ 1.5\%$이다.

[14-15]

14 자료해석   정답 ②

H 지역의 보고 업체 수의 전년 대비 증가율은 2021년에 $\{(100 - 89)/89\} \times 100 ≒ 12.4\%$, 2022년에 $\{(131 - 100)/100\} \times 100 = 31\%$로 2022년이 2021년의 $31/12.4 ≒ 2.5$배이므로 옳지 않은 설명이다.

오답 체크

① 2023년 전국의 보고 업체 수는 2019년 대비 $\{(31,438 - 29,374)/29,374\} \times 100 ≒ 7\%$ 증가하였으므로 옳은 설명이다.

③ 2023년 A, D, I 지역의 보고 업체 수의 합은 1,884 + 1,094 + 7,453 = 10,431개로 전국의 보고 업체 수의 (10,431 / 31,438) × 100 ≒ 33%를 차지하므로 옳은 설명이다.

④ 2019년부터 2023년까지 보고 업체 수는 매년 B 지역이 C 지역보다 많으므로 옳은 설명이다.

⑤ 제시된 기간 동안 K 지역의 보고 업체 수가 다른 해에 비해 가장 많은 2022년에 보고 업체 수는 K 지역이 L 지역보다 2,299 − 1,999 = 300개 더 적으므로 옳은 설명이다.

15 자료해석   정답 ②

2023년 보고 업체 수가 전년 대비 감소한 지역은 A, K, O 지역이고, 보고 업체 수의 전년 대비 감소량은 A 지역이 1,957 − 1,884 = 73개, K 지역이 1,999 − 1,963 = 36개, O 지역이 2,803 − 2,716 = 87개로 O 지역이 가장 크다.
따라서 A 지역과 K 지역의 2023년 전체 보고 업체 수는 1,884 + 1,963 = 3,847개이다.

[16-17]
16 자료해석   정답 ③

a. 2024년 1월 판매량은 DRAM이 NAND FLASH보다 630 − 450 = 180백억 개 더 많으므로 옳은 설명이다.
b. 2023년 5월 DRAM 판매량은 620 / (1 − 0.2) = 775백억 개이므로 옳은 설명이다.

오답 체크

c. 2024년 상반기 중 월별 NAND FLASH 판매량이 전년 동월 대비 증가한 4월과 5월에 2024년 NAND FLASH 판매량의 합은 520 + 540 = 1,060백억 개이므로 옳지 않은 설명이다.

17 자료해석   정답 ②

2023년 2월 NAND FLASH 판매량은 525 / (1 − 0.16) = 625백억 개로 DRAM 판매량인 605 / (1 + 0.1) = 550백억 개보다 많으므로 옳지 않은 설명이다.

오답 체크

① 2024년 상반기 중 월별 DRAM 판매량과 NAND FLASH 판매량의 합은 1월에 630 + 450 = 1,080백억 개로 가장 적으므로 옳은 설명이다.

③ 2023년 4월 DRAM 판매량은 600 / (1 − 0.04) = 625백억 개로 2024년 4월 DRAM 판매량은 전년 동월 대비 625 − 600 = 25백억 개 감소하였으므로 옳은 설명이다.

④ 2024년 상반기 월별 DRAM 판매량은 1월부터 6월까지 매월 NAND FLASH 판매량보다 많으므로 옳은 설명이다.

⑤ 2024년 1분기 월별 NAND FLASH 판매량의 평균은 (450 + 525 + 510) / 3 = 495백억 개이므로 옳은 설명이다.

18 자료해석   정답 ③

만족도 = a × 참여 인원수 + b × $\left(\dfrac{참여\ 인원수}{10}\right)^2$ 임을 적용하여 구한다.
2021년 만족도는 22.4점, 참여 인원수는 8명이므로
$22.4 = a × 8 + b × \left(\dfrac{8}{10}\right)^2 \rightarrow 8a + 0.64b = 22.4$
$\rightarrow a + 0.08b = 2.8$ ··· ⓐ
2022년 만족도는 30.0점, 참여 인원수는 10명이므로
$30.0 = a × 10 + b × \left(\dfrac{10}{10}\right)^2 \rightarrow 10a + b = 30.0$ ··· ⓑ
ⓑ − 10 × ⓐ에서 0.2b = 2 → b = 10
이를 ⓐ에 대입하여 정리하면
a + 0.8 = 2.8 → a = 2
따라서 a = 2, b = 10인 ③이 정답이다.

19 자료해석   정답 ④

제시된 자료에 따르면 고용률(%) = (취업자 수 / 15세 이상 인구수) × 100이므로 15세 이상 인구수 = 취업자 수 × 100 / 고용률임을 적용하여 구하면 연도별 Z 지역의 15세 이상 인구수와 15세 이상 인구수의 전년 대비 증감률은 다음과 같다.

구분	15세 이상 인구수(백 명)	15세 이상 인구수의 전년 대비 증감률(%)
2016년	320 × 100 / 40 = 800	−
2017년	600 × 100 / 60 = 1,000	{(1,000 − 800) / 800} × 100 = 25
2018년	600 × 100 / 50 = 1,200	{(1,200 − 1,000) / 1,000} × 100 = 20
2019년	675 × 100 / 45 = 1,500	{(1,500 − 1,200) / 1,200} × 100 = 25
2020년	360 × 100 / 30 = 1,200	{(1,200 − 1,500) / 1,500} × 100 = −20
2021년	312 × 100 / 20 = 1,560	{(1,560 − 1,200) / 1,200} × 100 = 30

따라서 2017년 이후 Z 지역의 15세 이상 인구수의 전년 대비 증감률과 그래프의 높이가 일치하는 ④가 정답이다.

20 자료해석 정답 ④

갑의 주식 보유 수의 변화를 나타내면 다음과 같다.

2019년	2020년	2021년	2022년	2023년
75	200	325	450	575

+125 +125 +125 +125

갑의 주식 보유 수는 매년 125주씩 증가함을 알 수 있다.

을의 주식 보유 수의 변화를 나타내면 다음과 같다.

2019년	2020년	2021년	2022년	2023년
50	70	110	170	250

+20 +40 +60 +80

+20 +20 +20

을의 주식 보유 수의 전년 대비 증가량은 매년 20주씩 증가함을 알 수 있다.

이에 따라 갑과 을의 2024년 이후 주식 보유 수를 계산하면 다음과 같다.

구분	갑	을
2024년	575 + 125 = 700주	250 + 100 = 350주
2025년	700 + 125 = 825주	350 + 120 = 470주
2026년	825 + 125 = 950주	470 + 140 = 610주
2027년	950 + 125 = 1,075주	610 + 160 = 770주
2028년	1,075 + 125 = 1,200주	770 + 180 = 950주

따라서 2028년 갑과 을이 받는 배당금의 합은 (1,200 × 7) + (950 × 2) = 8,400 + 1,900 = 10,300천 원이다.

---

01 언어추리 정답 ④

예약이 어려운 모든 펜션에 수영장이 있다는 것은 수영장이 없는 모든 펜션은 예약이 어렵지 않다는 것이므로, 수영장이 없는 어떤 펜션에 바비큐장이 있으면 바비큐장이 있는 펜션 중에 예약이 어렵지 않은 펜션이 반드시 존재하게 된다.

따라서 '바비큐장이 있는 어떤 펜션은 예약이 어렵지 않다.'가 타당한 결론이다.

오답 체크

예약이 어렵지 않은 펜션을 '예X', 수영장이 없는 펜션을 '수X', 바비큐장이 있는 펜션을 '바'라고 하면

① 예약이 어려운 모든 펜션은 바비큐장이 없을 수도 있으므로 반드시 참인 결론이 아니다.

② 바비큐장이 있는 펜션 중에 예약이 어려운 펜션이 있을 수도 있으므로 반드시 참인 결론이 아니다.

③ 바비큐장이 있는 모든 펜션은 예약이 어렵지 않을 수도 있으므로 반드시 참인 결론이 아니다.

⑤ 예약이 어렵지 않은 모든 펜션은 바비큐장이 있을 수도 있으므로 반드시 참인 결론이 아니다.

02 언어추리 정답 ②

리더십이 있는 모든 사원이 발표를 하지 않고, 책임감이 없는 모든 사원이 리더십이 없으면 책임감이 있으면서 발표를 하지 않는 사원이 반드시 존재하게 된다.

따라서 '책임감이 있는 어떤 사원은 발표를 하지 않는다.'가 타당한 결론이다.

리더십이 있는 사원을 '리', 발표를 하지 않는 사원을 '발X', 책임감이 있는 사원을 '책'이라고 하면

① 발표를 하는 모든 사원은 책임감이 없을 수도 있으므로 반드시 참인 결론이 아니다.

③ 책임감이 있는 사원 중에 발표를 하는 사원이 있을 수도 있으므로 반드시 참인 결론이 아니다.

④ 발표를 하지 않는 모든 사원은 책임감이 있을 수도 있으므로 반드시 참인 결론이 아니다.

⑤ 발표를 하지 않는 사원 중에 책임감이 없는 사원이 있을 수도 있으므로 반드시 참인 결론이 아니다.

03 언어추리

정답 ③

포도주를 좋아하는 모든 사람이 빵을 좋아하고, 포도주를 좋아하는 어떤 사람이 크림치즈를 좋아하면 크림치즈를 좋아하면서 빵을 좋아하는 사람이 반드시 존재하게 된다.
따라서 '포도주를 좋아하는 어떤 사람은 크림치즈를 좋아한다.'가 타당한 전제이다.

포도주를 좋아하는 사람을 '포', 빵을 좋아하는 사람을 '빵', 크림치즈를 좋아하는 사람을 '크'라고 하면

① 포도주를 좋아하는 모든 사람이 빵을 좋아하고, 포도주를 좋아하는 모든 사람이 크림치즈를 좋아하지 않으면 크림치즈를 좋아하는 모든 사람은 빵을 좋아하지 않을 수도 있으므로 결론이 반드시 참이 되게 하는 전제가 아니다.

② 포도주를 좋아하는 모든 사람이 빵을 좋아하고, 크림치즈를 좋아하는 어떤 사람이 포도주를 좋아하지 않으면 크림치즈를 좋아하는 모든 사람은 빵을 좋아하지 않을 수도 있으므로 결론이 반드시 참이 되게 하는 전제가 아니다.

④ 포도주를 좋아하는 모든 사람이 빵을 좋아하고, 포도주를 좋아하지 않는 어떤 사람이 크림치즈를 좋아하면 크림치즈를 좋아하는 모든 사람은 빵을 좋아하지 않을 수도 있으므로 결론이 반드시 참이 되게 하는 전제가 아니다.

⑤ 포도주를 좋아하는 모든 사람이 빵을 좋아하고, 포도주를 좋아하는 어떤 사람이 크림치즈를 좋아하지 않으면 크림치즈를 좋아하는 모든 사람은 빵을 좋아하지 않을 수도 있으므로 결론이 반드시 참이 되게 하는 전제가 아니다.

04 언어추리

정답 ③

제시된 조건에 따르면 1층에서 2명이 탑승하고, 6층에서 내린 사람은 9명이며, 4층에서 탑승한 사람 수는 4층으로 올라온 엘리베이터에 탑승하고 있던 사람 수와 같으므로 2명 또는 3명 또는 4명이다. 이때 2~5층 중 탑승한 사람이 없는 층은 한 층뿐이므로 4층에서 탑승한 사람은 2명일 수 없다. 4층에서 탑승한 사람 수에 따라 가능한 경우는 다음과 같다.

경우 1. 4층에서 탑승한 사람이 3명인 경우

구분	탑승자 수
6층	–
5층	3명
4층	3명
3층	0명 또는 1명
2층	0명 또는 1명
1층	2명

경우 2. 4층에서 탑승한 사람이 4명인 경우

구분	탑승자 수
6층	–
5층	1명
4층	4명
3층	0명 또는 2명
2층	0명 또는 2명
1층	2명

따라서 3층과 4층에서 탑승하는 사람 수의 차이는 2명 또는 3명 또는 4명이므로 항상 거짓인 설명이다.

① 5층에서 탑승하는 사람은 1명 또는 3명이므로 항상 거짓인 설명은 아니다.

② 엘리베이터는 2층 또는 3층에서 멈추지 않으므로 항상 거짓인 설명은 아니다.

④ 2층에서 2명이 탑승하면, 1~5층 중 4층에서 탑승하는 사람 수가 4명으로 가장 많으므로 항상 참인 설명이다.

⑤ 엘리베이터가 2층에서 멈추지 않는다면, 3층에서 탑승하는 사람은 1명 또는 2명이므로 항상 거짓인 설명은 아니다.

05 언어추리   정답 ①

제시된 조건에 따르면 6개의 공에 쓰여 있는 숫자는 1부터 5까지이며, 각 숫자가 쓰여 있는 공이 적어도 1개 이상 존재하므로 6개의 공에 같은 숫자가 쓰여 있는 공은 2개이다. 또한, 철수와 영희가 각각 첫 번째로 뽑은 공의 숫자 합은 5이므로 (1, 4) 또는 (2, 3) 또는 (3, 2) 또는 (4, 1)의 조합이 가능하다. 이때 철수와 영희가 각각 두 번째로 뽑은 공의 숫자는 같고, 상자 안에 남은 두 공 중 하나는 빨간색으로 4가 쓰여 있으므로 숫자 4가 쓰여 있는 공은 1개임을 알 수 있다. 이에 따라 철수와 영희가 뽑은 공에는 4가 쓰여 있지 않으므로 철수와 영희가 각각 첫 번째로 뽑은 공은 (2, 3) 또는 (3, 2)이다. 이때 영희가 가진 공 중 하나는 노란색으로 3이 쓰여 있으므로 영희가 첫 번째로 뽑은 공의 숫자가 3임을 알 수 있다. 이에 따라 철수와 영희가 두 번째로 뽑은 공의 숫자는 1 또는 5이므로 가능한 경우는 다음과 같다.

경우 1. 철수와 영희가 두 번째로 뽑은 공의 숫자가 1인 경우

구분	철수	영희
첫 번째	2	3
두 번째	1	1

이때 같은 숫자는 같은 색으로 쓰여 있고, 철수와 영희는 각각 노란 숫자가 쓰여 있는 공 1개, 빨간 숫자가 쓰여 있는 공 1개를 가지고 있으므로 1은 빨간색, 2는 노란색, 3은 노란색, 4는 빨간색, 5는 노란색 또는 빨간색이다.

경우 2. 철수와 영희가 두 번째로 뽑은 공의 숫자가 5인 경우

구분	철수	영희
첫 번째	2	3
두 번째	5	5

이때 연속한 세 숫자가 같은 색일 수는 없으므로 1은 빨간색, 2는 노란색, 3은 노란색, 4는 빨간색, 5는 빨간색이다.

따라서 철수가 뽑은 공의 숫자와 색깔로 가능한 것은 '1 - 빨간색, 2 - 노란색'과 '2 - 노란색, 5 - 빨간색'이다.

06 언어추리   정답 ④

제시된 조건에 따르면 아무도 내리지 않는 정류장은 3번, 5번 정류장뿐이고, E는 가장 마지막에 정차하는 정류장에서 혼자 내리므로 E가 7번 정류장에서 내린다. 또한, 2번 정류장에서 2명이 내리고, A는 두 번째로 정차하는 정류장에서 내리므로 2번 정류장에서 내린다. 이에 따라 1번, 4번, 6번 정류장에서 내리는 사람은 총 4명이므로 1번, 4번, 6번 중 2개의 정류장에서는 각각 1명이 내리고, 1개의 정류장에서는 2명이 내린다. 이때 C와 D는 같은 정류장에서 내리므로 C와 D가 내리는 정류장에 따라 가능한 경우는 다음과 같다.

경우 1. C와 D가 1번 정류장에서 내리는 경우

1번	2번	3번	4번	5번	6번	7번
2명	2명	0명	1명	0명	1명	1명
C, D	A, B 또는 F 또는 G	X	B 또는 F 또는 G	X	B 또는 F 또는 G	E

경우 2. C와 D가 4번 정류장에서 내리는 경우

1번	2번	3번	4번	5번	6번	7번
1명	2명	0명	2명	0명	1명	1명
B 또는 F 또는 G	A, B 또는 F 또는 G	X	C, D	X	B 또는 F 또는 G	E

경우 3. C와 D가 6번 정류장에서 내리는 경우

1번	2번	3번	4번	5번	6번	7번
1명	2명	0명	1명	0명	2명	1명
B 또는 F 또는 G	A, B 또는 F 또는 G	X	B 또는 F 또는 G	X	C, D	E

따라서 D가 내리고 난 후 출발한 버스에 남는 사람이 2명이면, 가능한 경우의 수는 6가지이므로 항상 참인 설명이다.

① B가 1번 정류장에서 혼자 내리면, C가 내리고 난 후 출발한 버스에 남는 사람은 1명 또는 2명이므로 항상 참인 설명은 아니다.

② F가 4번 정류장에서 내리면, G는 1번 또는 2번 또는 6번 정류장에서 내리므로 항상 참인 설명은 아니다.

③ A와 B가 같은 정류장에서 내리면, 가능한 경우의 수는 6가지이므로 항상 거짓인 설명이다.

⑤ C가 F보다 먼저 내리면, 가능한 경우의 수는 8가지이므로 항상 거짓인 설명이다.

07 언어추리   정답 ④

제시된 조건에 따르면 비밀번호의 두 번째 자리 숫자는 7이고, 첫 번째 자리와 네 번째 자리 숫자의 합은 12이므로 첫 번째 자리와 네 번

째 자리 숫자는 3 또는 9이거나 4 또는 8이다. 이에 따라 가능한 경우는 다음과 같다.

경우 1. 첫 번째 자리와 네 번째 자리 숫자가 3 또는 9인 경우

첫 번째	두 번째	세 번째	네 번째
3	7	1 또는 2 또는 4 또는 5 또는 6 또는 8	9
9		1 또는 2	3

경우 2. 첫 번째 자리와 네 번째 자리 숫자가 4 또는 8인 경우

첫 번째	두 번째	세 번째	네 번째
4	7	1 또는 2 또는 3 또는 5 또는 6	8
8		1 또는 2 또는 3	4

따라서 비밀번호의 첫 번째 자리 숫자가 9일 때, 처음 시도에서 네 번째 자리 숫자를 3으로 맞췄다면 비밀번호가 일치하여 자물쇠가 처음 시도에서 바로 열렸어야 하지만, 처음 시도에서 자물쇠는 열리지 않았으므로 항상 거짓인 설명이다.

오답 체크

① 비밀번호의 첫 번째 자리 숫자는 3 또는 4 또는 8 또는 9이므로 항상 거짓인 설명은 아니다.

② 세 번째 자리 숫자가 1이면, 가능한 경우의 수는 4가지이므로 항상 참인 설명이다.

③ 첫 번째 자리와 세 번째 자리 숫자의 차이가 8이면, 가능한 경우의 수는 1가지이므로 항상 참인 설명이다.

⑤ 두 번째 자리와 세 번째 자리 숫자의 합이 15 이상이면, 첫 번째 자리 숫자는 3이므로 항상 참인 설명이다.

08 언어추리　　　　　　　　　　　정답 ⑤

제시된 조건에 따르면 a는 D 회사에, f는 B 회사에 입사하고, C 회사에 입사하는 사람 중 한 명은 d이며, c, e는 같은 회사에 입사하므로 c, e는 A 회사에 입사한다. 이때 h는 b, f와 다른 회사에 입사하므로 C 회사 또는 D 회사에 입사한다. h가 입사하는 회사에 따라 가능한 경우는 다음과 같다.

경우 1. h가 C 회사에 입사하는 경우

A 회사	B 회사	C 회사	D 회사
c, e	f, b	d, h	a, g
c, e	f, g	d, h	a, b

경우 2. h가 D 회사에 입사하는 경우

A 회사	B 회사	C 회사	D 회사
c, e	f, b	d, g	a, h
c, e	f, g	b, d	a, h

따라서 b가 C 회사에 입사하면, g는 B 회사에 입사하므로 항상 거짓인 설명이다.

오답 체크

① h는 C 회사 또는 D 회사에 입사하므로 항상 참인 설명이다.

② d는 b 또는 g 또는 h와 같은 회사에 입사하므로 항상 거짓인 설명은 아니다.

③ a가 b와 같은 회사에 입사하면, f는 g와 같은 회사에 입사하므로 항상 참인 설명이다.

④ g가 C 회사에 입사하지 않으면, g는 B 회사 또는 D 회사에 입사하므로 항상 거짓인 설명은 아니다.

09 언어추리　　　　　　　　　　　정답 ④

제시된 조건에 따르면 C는 비회전형 모니터를 받았고, B는 27인치 비회전형 모니터를 받았으며, A와 B가 받은 모니터의 회전 형식은 서로 다르므로 A는 회전형 모니터를 받았다. 이에 따라 비회전형 모니터를 받은 사람은 3명이므로 D와 E 중 한 명은 회전형, 다른 한 명은 비회전형 모니터를 받았다. 또한, A가 받은 모니터 사이즈는 C, D와 다르고, D와 E가 받은 모니터 사이즈는 서로 같으므로 A가 받은 모니터 사이즈는 C, D, E와 다르다. D와 E가 받은 모니터 사이즈에 따라 가능한 경우는 다음과 같다.

경우 1. D와 E가 받은 모니터 사이즈가 24인치인 경우

구분	A	B	C	D	E
사이즈	27인치	27인치	24인치	24인치	24인치
회전 형식	회전형	비회전형	비회전형	회전형 또는 비회전형	회전형 또는 비회전형

경우 2. D와 E가 받은 모니터 사이즈가 27인치인 경우

구분	A	B	C	D	E
사이즈	24인치	27인치	27인치	27인치	27인치
회전 형식	회전형	비회전형	비회전형	회전형 또는 비회전형	회전형 또는 비회전형

따라서 27인치 모니터를 받은 사람이 2명이면, 가능한 경우의 수는 2가지이므로 항상 거짓인 설명이다.

오답 체크

① B와 C가 받은 모니터 사이즈가 같다면, D는 27인치 모니터를 받았으므로 항상 참인 설명이다.

② 24인치 모니터를 받은 사람이 1명이면, E는 27인치 모니터를 받았으므로 항상 참인 설명이다.

③ D가 27인치 비회전형 모니터를 받았다면, 가능한 경우의 수는 1가지이므로 항상 참인 설명이다.

⑤ A와 D가 받은 모니터의 회전 형식이 같다면, 가능한 경우의 수는 2가지이므로 항상 참인 설명이다.

10 언어추리　　　　　　　　　　　　　정답 ⑤

제시된 조건에 따르면 남자와 여자 의대생 수는 같으므로 남자 3명, 여자 3명이고, 화학과 물리는 각각 2명씩 수강하므로 수학과 생물은 각각 1명씩 수강한다. 이때 물리는 남자만 수강하므로 물리를 수강하는 2명은 남자이고, 수학과 생물을 수강하는 사람은 성별이 같으므로 여자이다. 이에 따라 화학을 수강하는 사람은 남자 1명, 여자 1명이다. 또한, 갑과 무는 화학과 생물을 수강하지 않으므로 수학 또는 물리를 수강하고, 갑은 여자, 정과 기는 남자이므로 무는 남자이고, 을과 병은 여자임을 알 수 있다.

갑	을	병	정	무	기
여자	여자	여자	남자	남자	남자
수학	화학 또는 생물	화학 또는 생물	화학 또는 물리	물리	화학 또는 물리

따라서 정이 무와 함께 물리를 수강하면, 기는 여자인 을 또는 병과 함께 화학을 수강하므로 항상 참인 설명이다.

오답 체크

① 을은 화학 또는 생물을 수강하므로 항상 참인 설명은 아니다.
② 무는 물리, 기는 화학 또는 물리를 수강하므로 항상 참인 설명은 아니다.
③ 화학을 수강하는 사람의 성별은 서로 다르므로 항상 거짓인 설명이다.
④ 병이 생물을 수강하면, 을은 정 또는 기와 함께 화학을 수강하므로 항상 참인 설명은 아니다.

11 언어추리　　　　　　　　　　　　　정답 ⑤

제시된 조건에 따르면 정은 4단지에 거주하고, 2단지에 거주하는 사람의 직업은 학생이며, 갑의 직업은 판사이므로 갑은 1단지 또는 3단지 또는 5단지에 거주한다. 이때 병과 무는 서로 인접한 단지에 거주하며 정과 인접한 단지에 거주하지 않으므로, 갑은 1단지에 거주할 수 없다. 이에 따라 갑은 3단지 또는 5단지에 거주하고, 작가는 5단지에 거주하지 않으며, 을의 직업은 바리스타가 아니므로 갑이 거주하는 단지에 따라 가능한 경우는 다음과 같다.

경우 1. 갑이 3단지에 거주하는 경우

1단지	2단지	3단지	4단지	5단지
병 또는 무	병 또는 무	갑	정	을
작가 또는 바리스타	학생	판사	작가 또는 바리스타	의사

경우 2. 갑이 5단지에 거주하는 경우

1단지	2단지	3단지	4단지	5단지
병 또는 무	병 또는 무	을	정	갑
의사 또는 작가 또는 바리스타	학생	의사 또는 작가	의사 또는 작가 또는 바리스타	판사

따라서 갑이 3단지에 거주하면, 을의 직업은 의사이므로 항상 거짓인 설명이다.

오답 체크

① 학생은 2단지에 거주하고, 작가는 1단지 또는 3단지 또는 4단지에 거주하므로 항상 거짓인 설명은 아니다.
② 갑과 병이 2단지, 3단지에 거주하면, 병의 직업은 학생이므로 항상 참인 설명이다.
③ 정의 직업이 의사이면, 무의 직업은 학생 또는 바리스타이므로 항상 거짓인 설명은 아니다.
④ 을의 직업이 작가이면, 판사는 5단지에 거주하므로 항상 참인 설명이다.

12 언어추리　　　　　　　　　　　　　정답 ③

제시된 조건에 따르면 결제 금액이 갑순이보다 적은 사람은 3명이므로 갑순이는 6명 중 세 번째로 결제 금액이 많다. 또한, 병순이의 결제 금액은 을순이보다 적고, 병순이의 결제 금액은 갑순이와 기순이의 결제 금액을 합한 것보다 많으므로 을순이의 결제 금액이 가장 많고, 그다음으로 병순이의 결제 금액이 많다. 이때 기순이의 결제 금액은 정순이와 무순이의 결제 금액의 평균이므로 다섯 번째로 많다.

첫 번째	두 번째	세 번째	네 번째	다섯 번째	여섯 번째
을순	병순	갑순	정순 또는 무순	기순	정순 또는 무순

따라서 갑순이는 세 번째, 기순이는 다섯 번째로 결제 금액이 많으므로 항상 참인 설명이다.

오답 체크

① 을순이의 결제 금액은 가장 많으므로 항상 거짓인 설명이다.
② 결제 금액이 가장 적은 사람은 정순이 또는 무순이므로 항상 참인 설명은 아니다.
④ 결제 금액이 정순이보다 적은 사람은 없거나 2명이므로 항상 참인 설명은 아니다.
⑤ 기순이의 결제 금액은 정순이와 무순이의 결제 금액의 평균이므로 정순이와 무순이의 결제 금액의 합은 기순이의 결제 금액의 2배이다. 이때 병순이의 결제 금액은 갑순이와 기순이의 결제 금액의 합보다 많고, 갑순이의 결제 금액은 기순이보다 많아 병순이의 결제 금액은 정순이와 무순이의 결제 금액의 합보다 많으므로 항상 거짓인 설명이다.

13 언어추리

정답 ②

제시된 조건에 따르면 6명은 각자 호텔의 서로 다른 방을 예약하며 층별로 방을 예약하는 사람은 적어도 1명이다. 이때 A는 201호, F는 302호를 예약하고, C와 같은 층을 예약하는 사람은 없으므로 C는 1층 또는 4층을 예약한다. 또한, D와 E는 같은 호를 예약하고, D는 E의 바로 아래층을 예약하며, B가 예약하는 방과 상하좌우로 인접한 방을 예약하는 사람은 없으므로 D, E가 예약하는 방에 따라 가능한 경우는 다음과 같다.

경우 1. D, E가 1호를, B가 2층을 예약하는 경우

구분	1호	2호	3호
4층	E	X	X
3층	D	F	X
2층	A	X	B
1층	C 또는 X	C 또는 X	X

경우 2. D, E가 1호를, B가 4층을 예약하는 경우

구분	1호	2호	3호
4층	E	X	B
3층	D	F	X
2층	A	X	X
1층	C 또는 X	C 또는 X	C 또는 X

경우 3. D, E가 3호를 예약하는 경우

구분	1호	2호	3호
4층	B	X	E
3층	X	F	D
2층	A	X	X
1층	C 또는 X	C 또는 X	C 또는 X

따라서 D는 3층을 예약하므로 항상 참인 설명이다.

오답 체크

① C는 1층을 예약하므로 항상 거짓인 설명이다.

③ A와 같은 층을 예약하는 사람은 없거나 1명이므로 항상 참인 설명은 아니다.

④ A보다 아래층을 예약하는 사람은 C뿐이므로 항상 거짓인 설명이다.

⑤ B가 3호를 예약하면, B는 2층 또는 4층, E는 4층을 예약하므로 항상 참인 설명은 아니다.

14 언어추리

정답 ③

제시된 조건에 따르면 4문제를 풀어 많이 맞힌 순서대로 순위가 정해졌으며 5명의 순위는 모두 다르므로 1위는 4문제, 2위는 3문제, 3위는 2문제, 4위는 1문제, 5위는 0문제를 맞혔다. 또한, 1위, 4위의 말은 거짓, 2위, 3위, 5위의 말은 진실이므로 거짓을 말한 사람은 2명, 진실을 말한 사람은 3명이다. 이때 나연이의 말이 거짓이라는 세희의 말이 진실이면 나연이의 말은 거짓이고, 세희의 말이 거짓이면 나연이의 말은 진실이다. 또한, 민주의 말이 진실이라는 동윤이의 말이 진실이면 민주의 말도 진실이고, 동윤이의 말이 거짓이면 민주의 말도 거짓이지만, 거짓을 말한 사람은 2명이므로 민주와 동윤이의 말은 진실, 재현이의 말은 거짓임을 알 수 있다. 자신보다 퀴즈를 많이 맞힌 사람은 1명이라는 민주의 말에 따라 민주는 2위이고, 동윤이의 말은 진실이므로 동윤이는 3위 또는 5위이다. 이때 자신과 나연이가 맞힌 문제 개수의 합이 홀수라는 재현이의 말이 거짓이므로 재현이와 나연이가 맞힌 문제 개수의 합은 짝수이다. 재현이가 4위인 경우 모든 경우에 재현이와 나연이가 맞힌 문제 개수의 합이 홀수이므로 재현이는 1위이고, 나연이가 맞힌 문제 개수는 짝수이므로 3위 또는 5위이므로 나연이의 말은 진실임을 알 수 있다. 이에 따라 나연이는 3위, 동윤이는 5위, 세희가 4위이다.

1위	2위	3위	4위	5위
재현	민주	나연	세희	동윤

따라서 5위를 한 사람은 동윤이다.

15 도형추리

정답 ②

각 행에서 다음 열에 제시된 도형은 이전 열에 제시된 도형의 내부 도형을 반시계 방향으로 90° 회전한 후 시계 방향으로 한 칸씩 이동한 형태이다.

[3행 2열] [3행 3열]

따라서 '?'에 해당하는 도형은 ②이다.

16 도형추리

정답 ①

각 열에서 3행에 제시된 도형은 1행과 2행에 제시된 도형의 서로 다른 음영에 색칠한 형태이다.

[1행 3열]   [2행 3열]   [3행 3열]

따라서 '?'에 해당하는 도형은 ①이다.

17 도형추리
정답 ⑤

각 열에서 다음 행에 제시된 도형은 이전 행에 제시된 도형의 내부 도형을 반시계 방향으로 90° 회전하고, 외부 도형을 시계 방향으로 90° 회전한 형태이다.

내부 도형
반시계 90° 외부 도형
시계 90°

[2행 3열] [3행 3열]

따라서 '?'에 해당하는 도형은 ⑤이다.

[18-21]

★: 문자(숫자)의 전체 자리를 역순으로 바꾼다.
ex. abcd → dcba

△: 문자와 숫자 순서에 따라 첫 번째 문자(숫자)를 다음 두 번째 순서에 오는 문자(숫자)로, 두 번째 문자(숫자)를 이전 두 번째 순서에 오는 문자(숫자)로, 세 번째 문자(숫자)를 바로 다음 순서에 오는 문자(숫자)로, 네 번째 문자(숫자)를 바로 이전 순서에 오는 문자(숫자)로 변경한다.
ex. abcd → czdc (a+2, b-2, c+1, d-1)

■: 첫 번째 문자(숫자)를 세 번째 자리로, 두 번째 문자(숫자)를 첫 번째 자리로, 세 번째 문자(숫자)를 네 번째 자리로, 네 번째 문자(숫자)를 두 번째 자리로 이동시킨다.
ex. abcd → bdac

●: 문자와 숫자 순서에 따라 첫 번째, 두 번째 문자(숫자)를 바로 이전 순서에 오는 문자(숫자)로, 세 번째, 네 번째 문자(숫자)를 다음 두 번째 순서에 오는 문자(숫자)로 변경한다.
ex. abcd → zaef (a-1, b-1, c+2, d+2)

18 도식추리
정답 ④

CODE → ★ → EDOC → ● → DCQE

19 도식추리
정답 ①

5743 → △ → 7552 → ■ → 5275 → ● → 4197

20 도식추리
정답 ③

G7LW → ■ → 7WGL → ★ → LGW7

21 도식추리
정답 ④

OC58 → ★ → 85CO → ● → 74EQ → △ → 92FP

22 문단배열
정답 ⑤

이 글은 술의 기원과 신화를 제시하고, 술이 만들어지기 위해 필요한 미생물의 일종인 효모의 알코올 생성 방법에 대해 설명하는 글이다.
따라서 '(C) 인간이 술을 만들고 마신 시초 → (D) 술을 만들 때 필수로 거쳐야 하는 미생물의 발효 → (A) 산소 공급률에 따라 달라지는 효모 발효 결과 → (B) 밀폐된 곳에서만 에탄올을 만들어 내는 효모' 순으로 연결되어야 한다.

23 문단배열
정답 ③

이 글은 소녀들의 인권을 보호하기 위해 국제연합이 세계 소녀의 날을 제정했다는 사실을 소개하고, 실제로 소녀들을 위협하는 차별적 상황과 이러한 현실을 알리기 위한 세계 소녀의 날 기념행사에 대해 설명하는 글이다.
따라서 '(A) 국제연합이 세계 소녀의 날을 제정한 이유 → (D) 소녀들이 겪는 여러 유형의 인권 침해 → (B) 대표적인 소녀 인권 침해 유형인 교육 기회 박탈과 조혼 풍습 → (C) 위험에 노출된 소녀들에 대한 관심을 촉구하기 위한 세계 소녀의 날 기념행사' 순으로 연결되어야 한다.

24 논리추론
정답 ⑤

라이트코인은 비트코인 대비 문제 해결 방법이 복잡하지 않고 구매 속도가 빠르다고 하였으므로 구매 속도 측면에서는 라이트코인보다 비트코인이 더 빠르다는 것은 옳지 않은 내용이다.

오답 체크

① 비트코인은 나카모토 사토시라는 필명을 사용하는 정체불명의 프로그래머에 의해 개발되었으며, 라이트코인은 구글 직원인 찰리 리가 개발했다고 하였으므로 옳은 내용이다.

② 비트코인을 현금으로 교환해 주는 거래소가 존재하며, 라이트코인은 유망한 투자 대상으로 주목받는다고 하였으므로 옳은 내용이다.

③ 가상화폐는 온라인으로만 거래되는 네트워크형 전자화폐이며, 세계적으로 비트코인이 큰 인기를 얻었다고 하였으므로 옳은 내용이다.

④ 비트코인과 라이트코인은 채굴을 통해 얻을 수 있으며, 총량 내에서만 채굴 가능하다고 하였으므로 옳은 내용이다.

25 논리추론
정답 ②

래플 마케팅을 통해 화제성을 높임으로써 신규 고객을 유입하고 기존 고객의 충성심을 강화하는 효과를 얻을 수 있다고 하였으므로 래플 마케팅을 활용할 경우 신규 고객 유입과 더불어 기존 고객의 충성심 증대를 기대할 수 있음을 추론할 수 있다.

① 래플 마케팅은 무작위 추첨 방식을 활용하기 때문에 아무리 돈이 많더라도 당첨되지 않았다면 제품을 구매할 수 없다고 하였으므로 옳지 않은 내용이다.

③ 소비자에게 희소성 있는 상품을 공정하게 구매할 수 있는 기회를 제공하고자 한다면 래플 마케팅을 활용해야 하므로 옳지 않은 내용이다.

④ 래플 마케팅은 응모에 참여한 소비자 중 당첨된 이에 한해 제품을 구매할 수 있도록 하는 방법이라고 하였으므로 옳지 않은 내용이다.

⑤ 드롭 마케팅을 선호하는 사람들은 특정 시간대에 판매하는 제품을 구매하기 위해 직접 매장으로 찾아가야 하므로 옳지 않은 내용이다.

26 논리추론　　　　　　　정답 ②

세르반테스의 <돈키호테>에서 돈키호테를 따르는 산초는 이상과 현실 간의 괴리 속에서 끊임없이 발전하는 주체적인 인물의 전형을 보여준다고 하였으므로 세르반테스의 <돈키호테>에서 산초가 꿈과 이상을 위해 무조건 전진하는 실천력 있는 인물을 대표한다는 것은 옳지 않은 내용이다.

① 셰익스피어는 언어적 천재성을 바탕으로 라틴어 중심이던 문학계에서 영문학을 개척했다는 평가를 받고 있다고 하였으므로 옳은 내용이다.

③ 셰익스피어는 중세 연극 무대에 입체적인 인물상을 제시하였으며, 햄릿 왕자는 결정적 순간에 결정을 내리지 못하는 우유부단함의 전형이라고 하였으므로 옳은 내용이다.

④ 셰익스피어와 세르반테스는 작품을 통해 미술, 음악 등 다른 예술 영역에도 영향을 미쳤다고 하였으므로 옳은 내용이다.

⑤ 세계 책과 저작권의 날은 셰익스피어와 세르반테스와 관련이 있으며, 두 작가 모두 1616년 4월 23일에 타계했다고 하였으므로 옳은 내용이다.

27 논리추론　　　　　　　정답 ③

세차운동을 하는 자이로스코프의 축이 회전하는 방향은 본래 회전하고자 하는 방향의 반대 방향이 되어 자전축이 이루는 궤적은 원뿔형을 띤다고 하였으므로 세차운동을 하는 자이로스코프의 자전축이 이루는 궤적은 원뿔 모양임을 추론할 수 있다.

① 자전축이 연직 상태일 경우 세차운동이 나타나지 않아 수평을 확인하고자 할 때 자이로스코프를 활용한다고 하였으므로 옳지 않은 내용이다.

② 자이로스코프는 팽이의 회전이 어떠한 방향으로도 일어날 수 있도록 한 장치라고 하였으므로 옳지 않은 내용이다.

④ 자이로스코프는 위아래가 완전히 대칭인 팽이를 고리를 이용하여 만든다고 하였으므로 옳지 않은 내용이다.

⑤ 자이로스코프를 통해 지구의 자전을 실험적으로 증명할 수 있다고 하였으므로 옳지 않은 내용이다.

28 논리추론　　　　　　　정답 ②

제시된 글의 필자는 제조업체가 기획 및 생산한 후 자사의 브랜드를 붙이는 NB 상품의 대조군인 PB 상품은 품질 좋은 상품을 저렴한 소비자가로 제공 가능하다는 점에서 장점이 있으나 기존의 인기 상품을 베낀 것에 지나지 않고 제조업체의 아이디어를 도용한 수준이므로 제조업체의 존립을 위태롭게 할 수 있어 무분별하게 만들어지지 않도록 출시를 제한해야 한다고 주장하고 있다.

따라서 PB 상품의 이점을 고려하면 상품 출시를 제한할 경우 기업의 자율성과 소비자의 결정권에 악영향을 미칠 수 있다는 반박이 타당하다.

29 논리추론　　　　　　　정답 ④

이 글은 강렬한 자극에 익숙해진 사람의 뇌는 팝콘 브레인 상태가 될 수 있으며, 전자기기에 대한 중독은 팝콘 브레인으로 이어져 증상 악화 시 치료가 어려울 수 있다는 내용이고, <보기>는 우리나라 청소년 4명 중 1명은 스마트폰으로 인한 금단 증세 혹은 내성 현상을 보여 일상생활에 장애를 겪고 있다는 내용이다.

따라서 우리나라 청소년 중 스마트폰으로 인해 금단 증상이 나타난 사람은 치료되기 어려운 팝콘 브레인 상태일 가능성이 높음을 알 수 있다.

30 논리추론　　　　　　　정답 ②

이 글은 직원들이 창의적인 아이디어를 낼 수 있도록 기업이 실패에 대한 인식을 개선해야 한다는 내용이고, <보기>는 닌텐도와 소니가 실패를 부정적인 것으로만 여겨 새로운 것에 도전하지 않아 결국 시장에서 도태된 반면, 듀폰과 3M은 과정은 달랐지만 모두 실패를 통해 획기적인 제품을 개발할 수 있었다는 내용이다.

따라서 닌텐도가 과거 경험을 통해 실패의 새로운 의미를 찾아낸 것은 아님을 알 수 있다.

GSAT 단기 합격을 위한 해커스잡만의 추가 학습자료

SAMSUNG 온라인 GSAT 대비 실전 연습!

 GSAT 온라인 모의고사 3회분 무료 응시권

`2F3C 88B6 KKDK D000`

 교재 수록 모의고사 전 회차 온라인 응시 서비스

`277E 88B7 F449 D000`

* 본 서비스는 교재에 수록된 동일한 문제를 온라인 환경으로 풀이해볼 수 있는 서비스입니다.

해커스잡 사이트(ejob.Hackers.com) 접속 후 로그인 ▶ 사이트 메인 우측 상단 [나의 정보] 클릭
▶ [나의 쿠폰 - 쿠폰/수강권 등록]에 위 쿠폰번호 입력 ▶ [마이클래스]에서 모의고사 응시

* 본 쿠폰은 한 ID당 1회에 한하여 등록 및 사용 가능하며, 쿠폰 등록 시점 직후부터 30일 이내 PC에서 응시 가능합니다.   * 쿠폰 유효기간: 2025년 12월 31일까지

 ### GSAT 기본서/실전서 인강 2만원 할인쿠폰

`K762 88B5 7D35 B000`

해커스잡 사이트(ejob.Hackers.com) 접속 후 로그인 ▶ 사이트 메인 우측 상단 [나의 정보] 클릭 ▶
[나의 쿠폰 - 쿠폰/수강권 등록]에 위 쿠폰번호 입력 ▶ 강의 결제 시 쿠폰 적용

* 해커스 삼성 GSAT 통합 기본서(종합) 강의 및 GSAT 실전모의고사 강의에 한해 사용 가능합니다.
* 본 쿠폰은 한 ID당 1회에 한하여 등록 및 사용 가능합니다.   * 쿠폰 유효기간: 2025년 12월 31일까지

 ### 문제풀이 용지(PDF) · 인성검사 & 면접 합격 가이드(PDF)

`K85A JL46 K387 000F`

해커스잡 사이트(ejob.Hackers.com) 접속 후 로그인 ▶ 사이트 메인 상단 [교재정보 - 교재 무료자료] 클릭 ▶
교재 확인 후 이용하길 원하는 무료자료의 다운로드 버튼 클릭 ▶ 위 쿠폰번호 입력 후 다운로드

* 쿠폰 유효기간: 2025년 12월 31일까지

 ### 무료 바로 채점 및 성적 분석 서비스

해커스잡 사이트(ejob.Hackers.com) 접속 후 로그인 ▶
사이트 메인 상단 [교재정보 - 교재 채점 서비스] 클릭 ▶ 교재 확인 후 채점하기 버튼 클릭

* 사용기간: 2025년 12월 31일까지

▲ 바로 이용

* 그 외 모든 쿠폰 관련 문의는 해커스 고객센터(02-537-5000)로 연락 바랍니다.

2024 하반기 최신판

해커스
GSAT
삼성직무적성검사
FINAL 봉투모의고사

개정 9판 1쇄 발행 2024년 9월 5일

지은이	해커스 GSAT 취업교육연구소
펴낸곳	㈜챔프스터디
펴낸이	챔프스터디 출판팀

주소	서울특별시 서초구 강남대로61길 23 ㈜챔프스터디
고객센터	02-537-5000
교재 관련 문의	publishing@hackers.com
	해커스잡 사이트(ejob.Hackers.com) 교재 Q&A 게시판
학원 강의 및 동영상강의	ejob.Hackers.com

ISBN	978-89-6965-503-5 (13320)
Serial Number	09-01-01

취업강의 1위,
해커스잡 ejob.Hackers.com

해커스잡

- GSAT 온라인 모의고사 & 전 회차 온라인 응시 서비스(교재 내 응시권 수록)
- 무료 바로 채점 및 성적 분석 서비스 & GSAT 문제풀이 용지
- 취업 무료강의, 기출면접연습, 매일 스펙업 콘텐츠 등 다양한 무료 학습자료
- 영역별 전문 스타강사의 GSAT 인강(교재 내 할인쿠폰 수록)
- 인성검사부터 면접까지 합격 전략을 담은 인성검사 & 면접 합격 가이드